AF889925

Mathias Plüss
Gut zu wissen

Mathias Plüss

Gut zu wissen

984 Antworten auf Fragen,
die niemand gestellt hat.

Illustrationen von Till Lauer

Echtzeit Verlag

Auf den Punkt gebracht

Dieses Buch ist Ausdruck meines Sammeltriebs. Schon als Schüler schrieb ich Wörter auf, die für mich leuchten – «Aconcagua», «Fräkmüntegg», «Timbuktu». Und Wörter, die ich als ästhetische Zumutung empfinde, wie «Eidgenossenschaft» oder «schmunzeln».

Meine Faszination für die Sprache ist ungebrochen, und das ist auch diesem Buch anzumerken. Doch mit der Zeit kamen andere Themen hinzu. Ich führe Listen mit doofen deutschen Städtenamen (Delmenhorst), mit skurrilen Forschungsstätten (THE SCOTCH WHISKY RESEARCH INSTITUTE), mit problematischen Gegenständen (Klarsichtfolie), mit Zivilisationsbeiträgen der Länder (Pakistan: die Sitztoilette). Manche meiner Dokumente sind weit über 20 Jahre alt.

Warum ich immerfort alles sammeln muss, weiss ich nicht. Ich weiss nur, dass es mich befriedigt. Ich bin jemand, dem soziale Dynamiken und hereinprasselnde Eindrücke rasch einmal zu viel werden. Vielleicht ist das Auflisten meine Methode, die Welt zu ordnen und die Zeit festzuhalten.

Während meiner Zeit als Wissensredaktor bei der WELTWOCHE erfuhr die Sammlerei einen Professionalisierungsschub. Als wir 2004 eine ganze Ausgabe nur aus Listen stemmten, war ich im Element. Danach bekam ich eine eigene Listenkolumne, die ich auch nach meinem Wechsel zum MAGAZIN lose fortführte. Staunend stellte ich fest, dass ich nun Geld verdiente mit dem, was ich ohnehin am liebsten tue.

Die Geburtsstunde jener Kolumne, auf der dieses Buch beruht, war der 3. Juli 2009: Da erschien im MAGAZIN erstmals eine kleine, wilde Sammlung, zunächst unter dem Titel «Plüss, empirisch». Nach gut einem Jahr wechselte die Kolumne unter dem neuen Namen «Plüss' Punkte» zur ANNABELLE. Die Plüsspunkte erscheinen also ununterbrochen seit mehr als 16 Jahren, davon 15 Jahre in der ANNABELLE. Bemerkenswert in unserer schnelllebigen Zeit.

Die Faktensammlung, wie ich sie betreibe, ist so etwas wie die Freejazz-Form der Liste: Der strenge thematische Zusammenhang fällt weg – die einzelnen Elemente *sollen* sogar möglichst verschieden sein. So steht die frivole italienische Redewendung dann vielleicht zwischen einer monströsen Zahl zur Gewinnentwicklung der Ölindustrie und einer Meldung über die globale Verteilung von feuchtem Ohrenschmalz. Alles ist erlaubt, kein Thema zu abseitig. Einzige Bedingung: Es muss interessant sein.

So kann ich denn auch wenig anfangen mit dem Etikett *Unnützes Wissen,* das Faktensammlungen wie der meinigen oft angehängt wird. Es ist wie in der Grundlagenforschung: Ob ein bestimmtes Wissen nütz oder unnütz ist, bestimmt die Zeit. Nicht selten hat sich eine scheinbar abstruse Erkenntnis nach Jahren plötzlich als nutzbringend erwiesen. Für den passionierten Faktensammler ist die Frage nach der Nützlichkeit ohnehin belanglos. Das einzige, was für ihn zählt, ist die Faszination.

Wie ich zu meinen Informationen gelange? Da gibt es keinen Geheimtrick. Wirklich Interessantes kann man nicht suchen, nur finden. Gewiss hilft es, dass ich Journalist von Beruf bin. Ich lese viel. Ich höre. Ich schaue. In einem Wort: Ich lebe. Und was mir auffällt, schreibe ich auf.

Natürlich übernehme ich das Aufgeschnappte nicht unbesehen. Ich bemühe mich, den Dingen auf den Grund zu gehen. Ich suche nach der Studie oder Quelle dahinter, frage auch mal bei Fachleuten nach. Ich bin kein Wissenschaftler, aber darin möchte ich mich von so mancher anderen Sammlung abheben: Was ich schreibe, soll stimmen.

Gerade in den sozialen Medien schwirrt ja unendlich viel Schrott herum. Alle kopieren, niemand überprüft. Oft kann ich schon von fern riechen, ob etwas stimmt oder nicht – im Zeitalter der Fake News eine hilfreiche Eigenschaft.

Bei manchem Eintrag werden Sie sich vielleicht fragen: Kann das wirklich sein? Woher weiss man das? Nun, jeden Tag erscheinen Tausende von Forschungsarbeiten – kaum ein Gebiet wird von der Wissenschaft nicht heimgesucht. Dass etwa gut angezogene Bettler mehr verdienen [→8], ist das Resultat eines Experiments, bei dem sich ein Forscher mit einem Pappbecher an den Strassenrand stellte und mit einem Schild um Geld warb – einmal in Jeans und Shirt, einmal mit Anzug und Krawatte. Gerade die besten Gelehrten sind bereit, sich mit Haut und Haar für ihre Forschung einzusetzen.

Für dieses Buch habe ich alle Einträge nochmals einer eingehenden Prüfung unterzogen. Von ursprünglich über 1800 Punkten hat es gut die Hälfte ins Buch geschafft. Von den anderen waren viele veraltet oder nicht mehr interessant. Wo es möglich war, habe ich aktualisiert. Nicht wenige Einträge waren inzwischen aber auch widerlegt. Das macht mir kein Bauchweh. Die Wahrheit ist immer etwas Vorläufiges. Falsifizierbarkeit ist ja gerade eine der Stärken der modernen Wissenschaft – im Unterschied zum Glauben und zur Verschwörungstheorie.

Getroffen hat es ausgerechnet auch meinen liebsten Punkt: *Das Faultier ist das einzige Säugetier, das nicht furzen kann.* Das galt lange als wissenschaftlicher Konsens. Bis ein Zoologe kürzlich den Hinterteil eines Faultiers unter Wasser hielt, worauf verdächtige Blasen aufstiegen. Inzwischen weiss man, dass Faultiere tatsächlich sehr produktive Därme haben, sodass ihnen das viele Gas sogar beim Schwimmen hilft. Und das ist vielleicht ein

Trost für Faultierfans: Zum Schwimmtalent des Faultiers gibt es einen Eintrag [→27].

Auch das ist eine Einsicht, die ich bei der Arbeit am Buch hatte: Diese Sammlung ist ein kleiner Kosmos, ein Abbild der Welt. Kaum ein Thema, das hier nicht auf irgendeine Weise vertreten wäre. Probieren Sie es aus, vielleicht sogar an einem geselligen Anlass: Jemand aus der Runde nennt ein beliebiges Stichwort – Sie schauen im Index nach, ob das Büchlein etwas dazu hergibt. Ohnehin liefert das geballte Wissen hier eine gute Grundlage für den intelligenten Smalltalk: Wer mit ein paar Punkten auftritt, kann punkten. Das habe ich selber erlebt und vielfach von Leser:innen gehört.

Ich möchte herzlich danken: Allen voran den Chefredaktor:innen Barbara Loop (ANNABELLE) und Bruno Ziauddin (DAS MAGAZIN) sowie den zugehörigen Verlagen MEDIENART und TAMEDIA, die ihr Einverständnis für diese Publikation gegeben haben. Barbara hat sich überdies sehr für das Buch eingesetzt. Von Bruno stammt der geniale Kolumnentitel «Plüss' Punkte». Weiter danke ich Guido Mingels (heute beim SPIEGEL), der 2009 mit mir zusammen die Kolumne erfunden hat. Und Sven Broder (heute beim BEOBACHTER), der den Anstoss zum Buch gegeben hat.

Allen Bemühungen zum Trotz wird dieses Büchlein Fehler enthalten. Sie sind herzlich eingeladen, mich zu berichtigen (mathias.pluess@bluewin.ch). Die Quellen zu den einzelnen Punkten können Sie unter www.echtzeit.ch/buch/gut-zu-wissen einsehen. Zahlreiche Zeitschriften, Zeitungen, Sendungen, Newsletter und Blogs dienten mir als Inspirationsquelle und Inputgeber. Speziell erwähnen möchte ich das DISCOVER MAGAZINE, den NEW SCIENTIST, die Forschungsnews des Psychologischen Instituts der UNIVER-

SITÄT ZÜRICH, SCINEXX, das BILD DER WISSENSCHAFT, SPEKTRUM, SRF, den TAGES-ANZEIGER, die NZZ und die TIERWELT.

Für die Überprüfung der Plüsspunkte habe ich auch mit KI gearbeitet. Was mich mehr als einmal den letzten Nerv gekostet hat. Ich kann nur sagen: Die künstliche Intelligenz hat mindestens so viel von mir gelernt wie ich von ihr. Aber immerhin: Ich habe jetzt eine hübsche Sammlung mit bizarren Antworten von KI-Bots.

(1)

Die allerererste Fracht der deutschen Eisenbahn waren 2 Fass Bier.

(2)

Wenn eine beliebige Person auf ihr Smartphone guckt, tut es die Hälfte der Leute in ihrer Umgebung innerhalb von 30 Sekunden ebenfalls.

(3)

Der dritte rechte Arm von männlichen Tintenfischen ist der Penis.

(4)

Würden wir die gesamte Sojaernte direkt essen, statt sie an Tiere zu verfüttern, so ergäbe sich daraus täglich 1 Mahlzeit für jeden Menschen auf der Erde. [→266, 296, 496, 666]

(5)

1 Liter Beton ist billiger als 1 Liter Mineralwasser.

(6)

Liechtenstein und Usbekistan sind die beiden einzigen Länder der Welt, die ausschliesslich von Binnenländern umgeben sind.

(7)

Der menschliche Oberkiefer ist unbeweglich. Wenn wir essen, bewegt sich ausschliesslich der Unterkiefer.

(8)

Wer mit Anzug und Krawatte bettelt, verdient das 2½-Fache. [→426, 807]

(9)

Evolutionär gesehen ist der Mensch ein Insektenfresser. Noch immer tragen wir ein funktionierendes Gen in uns, das dazu dient, den harten Panzer von Käfern im Darm zu knacken.

(10)

Der Vibrator war das fünfte Gerät für Privathaushalte, das elektrifiziert wurde – nach der Nähmaschine, dem Ventilator, dem Toaster und dem Wasserkocher.

(11)

«Kannibale» heisst auf Türkisch *yamyam*.

(12)

China will bis 2035 jedes Jahr 10 neue Flughäfen in Betrieb nehmen.

(13)

Wenn kleine Spinnen ins Meer stürzen, bleiben sie an der Oberfläche. Sie strecken 2 Beine in die Höhe, die dann wie ein Segel funktionieren. Bei manchen Arten dient der hochgestreckte Hinterleib als zweites Segel. So können sie bis zu 2 Wochen überleben und grosse Distanzen zurücklegen. [→52]

(14)

Bei 96 Prozent der Menschen auf der Nordhalbkugel drehen sich die Haarwirbel im Uhrzeigersinn – auf der Südhalbkugel sind es nur 72 Prozent.

(15)

Haben Angeklagte Geburtstag, so urteilen die Richter:innen milder. [→598, 654, 732]

(16)

Ein Gerät zum Passieren von Früchten und Gemüse wird in der Schweiz «Passevite» genannt – in Deutschland heisst es «Flotte Lotte».

(17)

Wenn Führungskräfte zu «Managern des Jahres» gewählt werden, wirtschaften ihre Unternehmen in der Folge messbar schlechter als vorher. [→478, 776]

(18)

Die Goldene Radspinne in Südwestafrika hat das Rad erfunden: Bei Gefahr formt sie ihre Beine zu einem Rad und lässt sich blitzartig den Hang hinunterrollen. Dabei erreicht sie bis zu 44 Umdrehungen pro Sekunde – so viel wie ein Ferrari mit 300 Stundenkilometern. [→309, 650, 792, 949]

(19)

Gesetz der Lüfte:
Wellensittiche weichen fast immer nach rechts aus – darum stossen sie kaum je zusammen.

(20)

Pro Mensch leben auf der Erde 1,4 Milliarden Insekten.

(21)

Autos erreichen heute in der Londoner Innenstadt das gleiche Durchschnittstempo wie Pferdekutschen im 19. Jahrhundert: 13 Stundenkilometer.

(22)

Wer weniger als 6 Stunden pro Nacht schläft, hat ein 4-faches Erkältungsrisiko.

(23)

2,6 Milliarden Menschen hatten 2024 noch keinen Zugang zum Internet.

(24)

Preussen führte 1794 eine Art drittes Geschlecht ein: Laut dem sogenannten «Zwitterparagraphen» konnten die Eltern bestimmen, wie Kinder mit uneindeutigen Geschlechtsmerkmalen erzogen werden. Mit 18 Jahren durfte die Person ihr Geschlecht im Wesentlichen selber wählen. Im Jahr 1900 verschwand der Paragraph.

[→968]

(25)

Ohne hinzugucken können wir nicht sagen, ob wir gerade Hühnerhaut haben oder nicht.

(26)

Bauchnabelfusseln wiegen im Schnitt 1,82 Milligramm und entstehen dadurch, dass sich das Leibchen an den Bauchhaaren reibt. Ein durchschnittliches T-Shirt wird durch diesen Prozess innert 1000 Jahren vernichtet. Rasiert man sich die Bauchhaare ab, so verschwinden auch die Fusseln. [→93, 100]

(27)

Faultiere sind sehr gute Schwimmer: Sie kommen im Wasser 3 Mal so schnell vorwärts wie an Land. Was allerdings noch nicht viel heisst. [→236]

(28)

Papayas sehen aus wie menschliche Gebärmütter, was Grösse, Form und Textur betrifft. Darum werden sie im Medizinstudium zum Üben von Schwangerschaftsabbrüchen benutzt.

(29)

Veloprofis vertilgen Unmengen von Kalorien. Trotzdem verbrauchen sie, auf Benzin umgerechnet, weniger als 1 Liter pro 100 Kilometer.

(30)

Das wichtigste demografische Kriterium für den Pubertätsbeginn bei Buben ist der Anstieg der Sterblichkeit. Angehende Männer gehen mehr Risiko ein und haben mehr tödliche Unfälle. Das Phänomen tritt global und in allen Kulturen auf.

[→325, 499, 740, 802, 819]

(31)

Mit Make-up bekommen Kellnerinnen signifikant mehr Trinkgeld als ohne.

(32)

Hunde können rückwärts niesen.

[→142, 309, 363, 374]

(33)

Kleine Geschenke können eine grosse Wirkung haben, wie ein Feldexperiment der UNIVERSITÄT ZÜRICH zeigt. Handelsvertreter:innen wurden in über 200 Apotheken und Drogerien losgeschickt, um Gesundheits- und Schönheitsprodukte zu verkaufen. Resultat: Wenn Filialleiter:innen zu Beginn des Gesprächs ein paar Tuben Zahnpasta geschenkt bekamen, bestellten sie 4 Mal so viele Waren. Der Trick funktioniert allerdings nur, wenn sich die beiden schon kennen. Bei einem Erstkontakt sind Geschenke eher kontraproduktiv.

[→338, 351, 827]

(34)

Um Sellerie zu verdauen, verbrauchen wir 86 Prozent der darin enthaltenen Kalorien.

(35)

«Sinn für Humor» ist eine der meistgesuchten Eigenschaften beim Daten, bei beiden Geschlechtern. Doch es gibt einen Unterschied: Frauen suchen Männer, die sie zum Lachen bringen. Männer suchen Frauen, die über ihren Humor lachen. Je öfter eine Frau in einem Gespräch lacht, desto grösser ihr Interesse am Gegenüber. Und umso interessierter ist wiederum er. Männliches Lachen hingegen sagt nichts darüber aus, ob er die Frau attraktiv findet.

(36)

Gebärdensprachen haben sich anders entwickelt als Lautsprachen. Gehörlose Amerikaner:innen und Brit:innen verstehen einander nicht.

[→267, 449]

(37)

Männer gehen selten zum Arzt und betreiben kaum Krankheitsprävention. Allerdings: Sobald Frauen Topp-Positionen erreichen, gleichen sie ihr Gesundheitsverhalten den Männern an.

(38)

«Fischers Fritz» geht auch auf Norwegisch: *Fisker'n Finn fiska fersk fisk forige fredag.* (Fischers Finn fischte vorigen Freitag frische Fische.)

[→130, 707, 824, 866]

(39)

Homosexuelle Pilze:
Zellen des Hefepilzes *Candida albicans* können sich nicht nur ungeschlechtlich vermehren, sondern auch durch Sex, also durch die Verschmelzung zweier Zellen. Unter bestimmten Umständen gelingt dies sogar, wenn die beiden Zellen das gleiche Geschlecht haben – eine Art homosexuelle Fortpflanzung.

(40)

Der ideale Blickkontakt dauert genau 3,3 Sekunden. Wer kürzer hinguckt, macht einen nervösen Eindruck. Wer länger schaut, wirkt aufdringlich.

(41)

99 Prozent der Erde sind heisser als 1000 Grad.

(42)

Wir denken fast die Hälfte unserer Wachzeit an etwas anderes als das, was wir gerade tun. Selbst beim Sex ist jeder Zehnte gedanklich nicht bei der Sache.

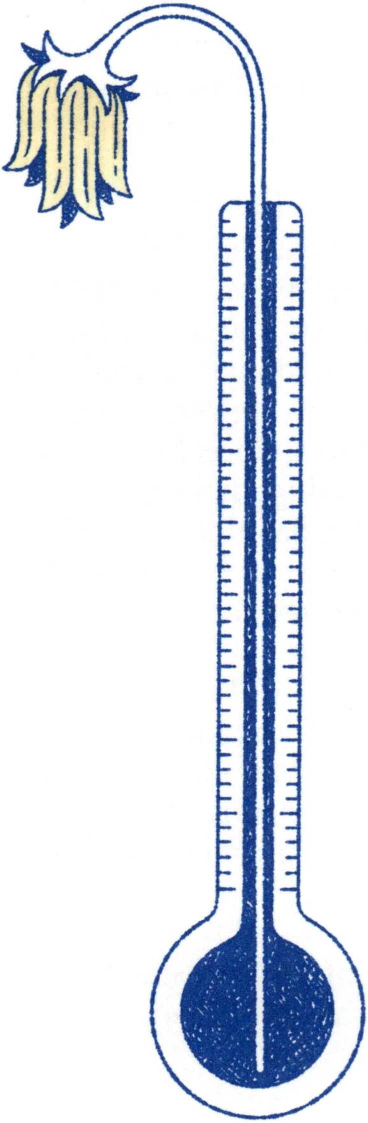

(43)

Auch Pflanzen können Fieber bekommen.

(44)

Wenn man seinen Unmut auf ein Blatt schreibt und dieses schreddert oder zerknüllt, verschwindet der Ärger oft komplett. Aufschreiben ohne Papiervernichtung hilft auch schon, aber nicht ganz so viel.

[→158, 272, 602, 853]

(45)

Damit ein Kondom zugelassen wird, darf es nicht platzen, wenn es testhalber mit Flüssigkeit gefüllt wird. Das minimale Berstvolumen liegt dabei je nach Kondomgrösse bei 16 bis 28 Litern.

(46)

Stadtzürcher:innen fliegen heute 5 Mal so viel wie 1990.

(47)

Die Karotte stammt aus Afghanistan und war ursprünglich eher dunkelviolett. Zu seinem Orange kam es erst durch Umzüchtungen in Holland – womöglich zu Ehren des Herrscherhauses Oranien.

(48)

Weniger als die Hälfte der Völker der Welt praktizieren das Küssen. Bei den traditionellen Ethnien Süd- und Zentralamerikas ist der Kuss zwischen Liebenden praktisch unbekannt.

(49)

Erdbeermousse von einem weissen Teller schmeckt süsser als von einem schwarzen. Wahrscheinlich lässt der weisse Hintergrund das rote Mousse frischer und intensiver wirken.

[→264]

(50)

Fingernägel wachsen bis zu 4 Mal so schnell wie Zehennägel.

(51)

Den Kölner Dom sieht man niemals ohne Baugerüste. Er ist so gross und komplex, dass rund 100 Handwerker:innen der sogenannten Kölner Dombauhütte permanent daran sind, ihn instandzuhalten. Insofern braucht man sich vor dem Sprichwort «Wenn der Kölner Dom fertig ist, geht die Welt unter» nicht zu fürchten.

(52)

Manche Spinnen können fliegen. Sie verwenden dazu lange, geladene Seidenfäden und nutzen elektrische Kräfte in der Atmosphäre. Es wurden schon fliegende Spinnen in 4 Kilometer Höhe gefunden.

[→13]

(53)

Im Verlauf des Lebens kommen uns die Freundschaften abhanden. Teenager verbringen etwa 30 Prozent ihrer Zeit mit Freund:innen – 40- bis 65-Jährige nur noch 4 Prozent.

[→240, 648, 665]

(54)

Die korrekte Bezeichnung für eine Sinti-Frau ist Sintiza, für eine Roma-Frau Romni. Bei den Männern heisst es Sinto und Rom.

(55)

Die Coronaviren dieser Welt hätten alle in einer Coladose Platz.

(56)

Beim Boxen und Ringen gilt: Rot gewinnt. Wenn ein rot gekleideter Sportler gegen einen blauen antritt, siegt er in mehr als der Hälfte der Fälle. Dies hat eine Untersuchung der Kampfsportarten an den Olympischen Sommerspielen 2004 in Athen gezeigt, wo rote und blaue Shirts zufällig auf die Gegner verteilt worden waren.

(57)

Durch einen Retourflug von Zürich nach New York schmelzen pro Passagier:in etwa 50 Tonnen Gletschereis. [→292]

(58)

Männer träumen doppelt so oft von Geld wie Frauen.

(59)

Echte Weltklassesportler:innen haben im Schnitt 2 Jahre später zu trainieren begonnen als die etwas schwächeren. Auch waren die Besten als Jugendliche weniger fokussiert und probierten oft mehrere Sportarten aus.

(60)

Mäuse haben längere Spermien als Elefanten. [→142, 238, 334, 503]

(61)

Menschen mit jüngeren Lebenspartner:innen sind glücklicher – Männer wie Frauen. Der Glücksüberschuss verschwindet allerdings nach 6 bis 10 Jahren. Langfristig sind Paare ohne grosse Altersdifferenz zufriedener. Besonders, wenn sie schwere Zeiten durchmachen.

(62)

Rote Autos werden 18 Mal häufiger von Vogelkot getroffen als grüne.

[→288, 929]

(63)

Die jährliche Arbeitszeit pro Arbeitnehmer:in hat sich in Europa seit 1870 ungefähr halbiert.

(64)

Die Fähigkeit, auf einem Bein zu stehen, ist ein gutes Indiz für den Gesundheitszustand eines Menschen. Wer es keine 10 Sekunden schafft, hat eine tiefere Lebenserwartung.

(65)

Wer mit seiner nichtdominanten Hand snackt, isst 30 Prozent weniger.

(66)

Es gibt im Deutschen nur 4 Wörter, die auf «lg» enden:

Balg
Talg
Erfolg
Verfolg

(67)

Der Eiffelturm schrumpft im Winter um bis zu 15 Zentimeter – weil sich auch Stahl bei Kälte zusammenzieht.

(68)

Für gemischtgeschlechtliche Freundschaften gilt: Je attraktiver die Frau, desto stärker bevorzugt sie homosexuelle Freunde. Vermutlich deshalb, weil diese ganz sicher keine versteckten Absichten haben.

[→103]

(69)

Wer beim Tennisaufschlag stöhnt, erhöht die Ballgeschwindigkeit um 5 Prozent. Ausserdem irritiert das Stöhnen die Gegenspielerin und verleitet sie zu mehr Fehlern.

[→674]

(70)

39 Prozent der normalgewichtigen Sekundarschülerinnen in Zürich möchten abnehmen (Buben: 23 Prozent). Hingegen möchten 29 Prozent der normalgewichtigen Buben zunehmen – vor allem an Muskelmasse (Mädchen: 11 Prozent).

(71)

Kinder haben heute 90 Prozent weniger Karies als vor 60 Jahren.

(72)

Wer bei einem Schlaganfall mit einer Freundin oder einem Familienmitglied in der Notaufnahme erscheint, hat die besseren Karten. Denn ohne Begleitperson kommt man weniger schnell dran und erhält seltener die richtige Diagnose, wie Daten aus einem israelischen Spital zeigen. Die Wirkung der Begleitperson rührt vermutlich daher, dass sie die Aufmerksamkeit des Klinikpersonals besser auf sich lenken kann.

(73)

Einige kaum mehr gebräuchliche deutsche Ortsnamen:

Avenches (VD) – Wiflisburg
Biasca (TI) – Ablentschen
Estavayer-le-Lac (FR) – Stäffis am See
Lugano (TI) – Lauis
Montreux (VD) – Muchtern
Nyon (VD) – Neuss
Payerne (VD) – Peterlingen
Saint-Ursanne (JU) – Sankt Ursitz
Savognin (GR) – Schweiningen

(74)

In England, wo Vögel sehr oft gefüttert werden, haben Kohlmeisen in den letzten Jahrzehnten längere Schnäbel entwickelt – in Kontinentaleuropa nicht. Mit langem Schnabel kommt man besser an die Körner in Futterspendern heran. [→361, 383, 726]

(75)

Viele Pilze sind Fleischfresser. Mit speziellen Fangorganen können sie unterirdisch Fadenwürmer erbeuten. Sie benutzen dazu Klebstoffe, Gifte oder auch Schlingen, die sich innert Sekunden zusammenziehen, sobald ein Wurm hindurchkriecht. Mit feinen Fäden durchdringt der Pilz dann die Haut der Beute und verdaut sie.

[→752]

(76)

Eine Folge von Blutstau:
Je nach Sterbeposition können Männer auch nach dem Tod noch eine Erektion bekommen. [→482, 612, 750]

(77)

Maulwürfe graben mit bis zu 30 Zentimetern pro Minute.

(78)

Je grösser der Wettbewerb unter den Medien eines Landes, desto kürzer die Amtsdauern von Regierungschefs und Staatsoberhäuptern.

(79)

Ein bisschen Übergewicht ist gesund. EU-weit ist die Zahl der gesunden Lebensjahre in Malta am höchsten – obwohl dort 75 Prozent der Männer und 60 Prozent der Frauen «zu dick» sind. Ganz allgemein haben heute Menschen mit leichtem Übergewicht eine höhere Lebenserwartung als Normalgewichtige.

(80)

An schulfreien Tagen liegt die Hälfte der Schweizer Jugendlichen um 13 Uhr noch im Bett.

(81)

Börsenhändler mit einem besonders langen rechten Ringfinger machen im Schnitt 11 Mal so hohe Gewinne wie Kurzringfingrige.

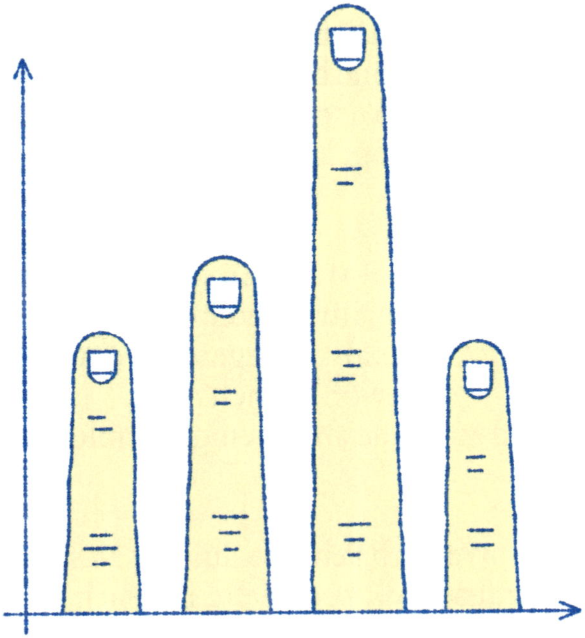

(82)

Bis 2060 soll sich die Zahl der Gebäude auf der Welt verdoppeln. Das bedeutet: eine zusätzliche Stadt Paris jede Woche.

(83)

Das beste Mittel gegen Ohrwürmer, die nicht mehr aus dem Kopf wollen, ist Kaugummikauen. [→157]

(84)

Penisse können brechen. In der Fachsprache redet man allerdings eher von Penisruptur als von Penisbruch. Es handelt sich um einen Riss des Schwellkörpers und passiert, wenn der Penis beim Geschlechtsverkehr plötzlich stark abgeknickt wird. Betroffene berichten auch von einem knackenden Geräusch. Entwarnung: kommt sehr selten vor.

(85)

Hedge-Fund-Manager, die Sportwagen fahren, investieren deutlich riskanter als Kollegen mit einem gewöhnlichen Auto. Sind am Ende aber weniger erfolgreich.

(86)

Wer den Schleim aus der Nase geräuschvoll hochzieht, hält sich zwar nicht an die gängigen Umgangsformen, tut aber das medizinisch Richtige. Denn er befördert die Keime in den Magen, wo sie abgetötet werden. Beim Schnäuzen hingegen können sie in die Nebenhöhlen geraten und dort Entzündungen auslösen.

(87)

Global werden heute an einem halben Tag so viele Solaranlagen installiert wie vor 20 Jahren in einem ganzen Jahr. [→633]

(88)

In schlechten Jahren verlieren Karibus (nordamerikanische Rentiere) bis zu 2 Kilo Blut durch Mückenstiche. Weil sei zudem ständig vor den Mücken fliehen müssen, kann dies zu Gewichtsverlust und Tod führen – selbst bei ausreichendem Futterangebot.

[→173, 283, 354, 519, 543, 761]

(89)

Fast die Hälfte der Computerprogramme in der Finanzwelt sind in einer Sprache geschrieben, die mehr als 60 Jahre alt ist. Sie steckt so tief in den Systemen drin, dass man sie nicht mehr loswird. Bei Problemen müssen oft pensionierte Angestellte einspringen, die sie als Einzige noch beherrschen.

(90)

Das Schmerzempfinden schwankt im Verlauf des Tages. Morgens um 4 tut der gleiche Schmerz doppelt so weh wie nachmittags um 4.

(91)

Mexico City ist vermutlich die Stadt mit den höchsten Wasserverlusten weltweit: Rund die Hälfte versickert in den lecken Rohren. Jede Sekunde gehen in der Stadt etwa 12 000 Liter Trinkwasser verloren.

(92)

1960 gab es global noch 1,4 Hektaren Wald pro Kopf – heute sind es noch 0,5 Hektaren.

(93)

Wenn man ein T-Shirt wöchentlich wäscht, dauert es rund 53 Jahre, bis es sich in der Waschmaschine vollständig aufgelöst hat. [→26]

(94)

Mindestens 2 Dutzend Päpste waren sexuell aktiv, teilweise auch noch während ihres Pontifikats. Mindestens 1 Dutzend zeugten Kinder.

(95)

Der grösste Killer der Menschheit ist die Tuberkulose: 1 Milliarde Tote in den letzten 200 Jahren. Noch heute sterben gleich viele Menschen an Tuberkulose wie an Malaria und Aids zusammen.

(96)

Teams in schwarzen Trikots werden härter bestraft.

(97)

Die menschliche Lunge mit all ihren Verästelungen hat eine Oberfläche von etwa 100 Quadratmetern – gut 50 Mal so viel wie die gesamte Hautoberfläche.

(98)

Seit 1950 hat die Menschheit mehr Energie verbraucht als in den 12 000 Jahren zuvor.

(99)

Die kleinsten menschlichen Zellen überhaupt sind die Spermien, die grössten die Eizellen.

(100)

Im menschlichen Bauchnabel leben durchschnittlich 67 Bakterienarten. [→26]

(101)

Etwa 80 Prozent aller Kaufentscheidungen werden von Frauen getroffen oder zumindest stark beeinflusst. Bei Alltagsprodukten sind es sogar 90 Prozent.

(102)

Wer oft umarmt wird, ist seltener krank. [→253]

(103)

In Liebesdingen hören heterosexuelle Frauen eher auf den Rat von Schwulen als von heterosexuellen Männern und Frauen. Das Urteil der Schwulen gilt als wahrhaftig, weil sie mit der Ratsuchenden weder in Konkurrenz stehen noch selber Ambitionen haben.

[→68]

(104)

In der Sprache der Ayoreo, einer indigenen Gemeinschaft aus Paraguay, heissen Weisse *Coñone:* «Menschen, die sinnlose Dinge tun».

[→731, 770]

(105)

Wer mit negativen Vorurteilen über das Alter konfrontiert wird, verhält sich unwillkürlich selber ein wenig wie ein alter Mensch. So bewegt er sich etwa langsamer oder seine Handschrift wird zittriger. Dies geschieht selbst dann, wenn man die Vorurteile nicht bewusst wahrnimmt.

(106)

Die Präsenz von Pflanzen im Büro erhöht die Konzentrationsfähigkeit der Angestellten. [→464]

(107)

Die alten Römer hatten einen sehr hohen Verbrauch von Öl: Sie nutzten es zur Beleuchtung. Leere Ölamphoren wurden nicht recycled, sondern an der immergleichen Stelle entsorgt. Den 40 Meter hohen Hügel aus den Scherben von 50 Millionen Amphoren kann man noch heute in der Nähe von Rom besichtigen.

[→932]

(108)

Weltmeister im Pizzaessen ist Norwegen mit 11½ Kilo pro Kopf und Jahr. In Italien sind es nur 7½ Kilo.

(109)

16 Prozent der Schweizerinnen haben sich ihre Gebärmutter entfernen lassen – aber nur 10 Prozent der Ärztinnen und Arztgattinnen.

(110)

Verliert eine bedeutende Sportmannschaft ein Spiel, so steigt in der entsprechenden Stadt am nächsten Tag der Kalorienverbrauch. Dies haben Untersuchungen in den USA (American Football) und Frankreich (Fussball) gezeigt. [→256, 307, 831]

(111)

Bloss 2,6 Prozent der Schweizer Staatsangestellten halten die öffentliche Verwaltung für sehr innovativ.

(112)

Seit dem Jahr 2000 stieg die Lebenserwartung in Afrika um fast 10 Jahre.

(113)

In Süddeutschland bekommen Kellnerinnen mehr Trinkgeld, wenn sie Gäste mit «Grüss Gott» willkommen heissen.

(114)

Berge machen gesund: Das Risiko, an einer Herzkrankheit zu sterben, korreliert mit der Höhe des Wohnorts. Pro 1000 Höhenmeter sinkt es um 22 Prozent.

(115)

Putzerfische können sich selber auf Fotos erkennen. [→528]

(116)

Babys im Mutterbauch bekommen mit, was ihre Mütter essen. Wenn's ihnen schmeckt, lächeln sie. Ultraschallbilder zeigen: Schon Föten stehen auf Karotten, nicht aber auf Kohl.

(117)

Sei es bei Alltagsproblemen oder bei Verbrechen: Je mehr sich eine verdächtigte Person aufregt, desto eher halten wir sie für schuldig. Und das ist genau verkehrt. Sind es doch die ungerechtfertigten Vorwürfe, die einen besonders ärgern.

(118)

In einem 25-Meter-Schwimmbecken befinden sich durchschnittlich 75 Liter Urin.

(119)

Programme gegen Teenagerschwangerschaften sind manchmal kontraproduktiv: Mädchen, die das Muttersein mit schreienden Puppen ausprobieren, werden in der Folge überdurchschnittlich häufig schwanger. [→207, 909]

(120)

Ein Kebab in Deutschland enthält doppelt so viel Fleisch wie in der Türkei. [→357, 936]

(121)

Glückliche Paare streiten nicht unbedingt seltener als unglückliche. Aber sie streiten sich mit Vorliebe über lösbare Probleme – und ziehen es vor, über die unlösbaren zu schweigen.

(122)

Die eichhörnchenartigen Tupajas sind wohl neben dem Menschen die einzigen Tiere, die eine Art feuchten Kuss kennen: Sie stupsen den Partner mit der Schnauze ins Gesicht, worauf dieser einen Speicheltropfen freisetzt, den sie dann zärtlich ablecken. Innige Paare begrüssen sich jeden Tag auf diese Weise.

(123)

Wenn ein heterosexueller Mann erfährt, dass er gleich mit einer Frau zu tun haben wird, nimmt sein Denkvermögen messbar ab. Dies gilt auch dann, wenn der Mann die Frau nicht kennt und keine Ahnung hat, wie attraktiv sie ist. Bei Frauen ist kein vergleichbarer Effekt bekannt. [→549]

(124)

Das längste bulgarische Wort lautet *Neprotivokonstitutsionstvuvatelstvuvaite!* und bedeutet: «Handelt nicht gegen die Verfassung!» [→816]

(125)

Schon 2008 zeigte ein Drittel der 14- bis 17-jährigen Mädchen in Deutschland Anzeichen einer Essstörung. In den letzten Jahren sind die Zahlen der diagnostizierten Essstörungen bei Mädchen stark gestiegen.

(126)

Attraktives Verkaufspersonal
kann vom Kauf abhalten.
Insbesondere bei Kleidern, Kosmetik
oder auch Kondomen halten sich scheue
Kund:innen zurück, weil
gutaussehende Verkäufer:innen ihr
ohnehin schon angekratztes
Selbstwertgefühl weiter beeinträchtigen
könnten.

(127)

In der Schweiz sagt man
«Es ist Feuer im Dach»,
in Österreich
«Es ist Feuer am Dach»,
in Deutschland
«Es ist Feuer unterm Dach».

[→356, 500, 682]

(128)

Fiebersenkende Mittel mögen den
Kranken etwas Linderung verschaffen –
für die Bevölkerung insgesamt sind
sie aber schädlich. Denn der Sinn
der erhöhten Körpertemperatur ist es,
die Virenproduktion zu bremsen.
Wird die Temperatur künstlich gesenkt,
steigt die Ansteckungsgefahr.
Fiebersenker verursachen jedes Jahr
Hunderttausende zusätzliche
Grippefälle weltweit.

(129)

Die Einwohnerzahl von Lagos, der grössten Stadt Nigerias, hat sich seit 1950 mehr als verfünfzigfacht.

(130)

Manche Pilznamen sind wahre Zungenbrecher:

Doppelringtrichterling,
Geflecktblattpurpurschneckling,
Pappelknospenbecherchen,
Spitzschuppiger Schüppchenschnitzling,
Violetter Rötelritterling.

[→38, 707, 824, 866]

(131)

Andere Länder, andere Redensarten:

Wir sprechen frisch von der Leber weg, die Engländer direkt von der Schulter *(to speak straight from the shoulder)*, die Tschechen von der Lunge *(mluvit od plic)*, die Franzosen mit offenem Herzen *(parler à cœur ouvert)* und die Italiener mit dem Herzen in der Hand *(parlare col cuore in mano)*.

[→280]

(132)

Noch immer putzen, kochen und waschen die Schweizer Männer nur halb so viel wie die Frauen.

[→410, 571]

(133)

Wer friert, träumt weniger.

(134)

In der Schweiz gibt es,
unter Berücksichtigung verschiedener
Schreibweisen,

42 Berge mit dem Namen Rothorn
(inkl. Rot Horn, Rothörnli, Rothore ...),
35 Schwarzhörner,
12 Weisshörner,
6 Grauhörner,
4 Grünhörner,
1 Braunhorn (genauer: Brunhora
beim Flüelapass, GR),
1 Blauhorn (genauer: Blauw Höreli
in den Urner Alpen) und
1 Gelbhorn (bei Safien, GR).

(135)

Das Grab von Oscar Wilde wird heute durch eine Anti-Kuss-Barriere geschützt. Die Lippenstiftspuren von Besucherinnen hatten den Stein beschädigt.

(136)

Bei gleicher Windstärke fordern Hurrikane mit weiblichen Namen deutlich mehr Todesopfer als männliche. Grund: Einen Sturm namens Diana oder Anita halten Menschen intuitiv für ungefährlich und bringen sich deswegen oft zu spät in Sicherheit.

(137)

Rübis und stübis heisst auf Rätoromanisch *rüblas e stüblas.*

[→441, 623, 813]

(138)

Die Windschutzscheibe heisst auf Japanisch *furontogarasu* – abgeleitet vom englischen Wort *front glass.* Auf Englisch sagt man allerdings gar nicht *front glass,* sondern *windscreen* oder *windshield.*

(139)

Eine Kuh produziert bis zu 10 Kuhfladen am Tag – mit einem Gesamtgewicht von gegen 30 Kilo. In und auf einem einzigen Fladen leben jeweils etwa 200 Insektenarten.

[→497]

(140)

Die höchste Fussballspielklasse, in der Schweiz «Super League» genannt, heisst in der Türkei «Süper Lig».

(141)

Intelligenz wirkt sich auf das Einkommen aus. Ein 20 Punkte höherer IQ hat in den USA ein 18 000 Dollar höheres Einkommen zur Folge – selbst bei Geschwistern, die im genau gleichen Umfeld aufgewachsen sind.

[→539, 718, 913]

(142)

Mit ihrem Rüssel können Elefanten Luft mit einer Geschwindigkeit von bis zu 540 Stundenkilometern ansaugen.

[→32, 60, 238, 309, 334, 363, 374, 503]

(143)

Im zentralasiatischen Kirgistan gilt Viehdiebstahl als schwere Straftat, Brautraub hingegen eher als Ritual. Nach einer Gesetzesrevision sind zwar die Höchststrafen vergleichbar: 11 Jahre für Viehdiebstahl, 10 Jahre für Brautraub. In der Praxis wird aber nur einer von 1500 Brauträubern tatsächlich verurteilt.

(144)

Einige Wörter mit fehlender weiblicher Form:

Engel
Fan
Goalie
Häftling
Liebling
Lockvogel
Profi
Prüfling
Troll
Vormund
Wachposten
Zwilling

(145)

Alle Säugetierarten, die im 19. und
20. Jahrhundert in der Schweiz
ausgerottet wurden, sind inzwischen
wieder da:
Steinbock, Luchs und Biber
wurden ausgesetzt,
Fischotter, Wolf und sporadisch der
Braunbär kehrten von selber zurück.

Gleichzeitig wanderten,
teilweise unter menschlichem Einfluss,
8 neue Säugetierarten ein:
Nutria (Biberratte),
Mufflon (Wildschaf),
Waschbär,
Burunduk (Streifenhörnchen),
Sikahirsch,
Marderhund,
Baumwollschwanzkaninchen und
Goldschakal.

(146)

Das Zebramuster ist ein wirksamer
Insektenschutz:
Die Streifen verwirren Bremsen und
hindern sie am Landen.
Experimente haben gezeigt, dass ein
Zebramuster auch Menschen vor
Insektenstichen schützen kann.
Das erklärt womöglich,
warum sich viele Indigene in Afrika und
Australien traditionell mit weissen
Streifen bemalen.

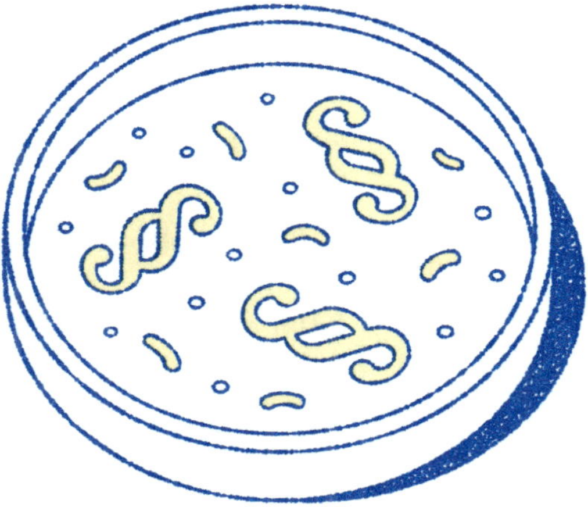

(147)

Zumindest bei einem Typus von Bakterien hat sich gezeigt: Das Ausmass der Antibiotikaresistenz in einer Gegend hängt nicht etwa von der Ärztedichte ab, sondern von der Anwaltsdichte. Grund dafür ist wahrscheinlich die Angst der Ärzt:innen vor Schadenersatzklagen und ihr entsprechend grosszügiger Umgang mit Antibiotika.

(148)

Für Erdnussallergiker:innen kann Küssen gefährlich sein, wenn der oder die Geküsste zuvor Erdnüsse genascht hat. Die Gefahr bleibt bis zu 6 Stunden bestehen und verschwindet auch durch gründliches Zähneputzen und Mundspülen nicht. [→392]

(149)

Einige deutsche Fremdwörter
im Türkischen:

aysberg
dübel
fertik (Zugabfahrtsruf)
grosmarket
haymatlos
hinterlant
laytmotif
otoban (Autobahn)
panzer
şinitzel (Schnitzel)
şipidak (Schiebedach)
tekniker
tonmayster
tifdruk

(150)

Schweizer Frauen in Singlehaushalten verbrauchen fast ein Viertel weniger Strom als Männer in identischen Wohnungen.

(151)

Weltweit gibt es nur
17 Zeppelinpilot:innen.

(152)

6 Prozent des Plastiks in den Weltmeeren stammen von einem einzigen Fluss: dem 25 Kilometer langen Pasig in der philippinischen Hauptstadt Manila.

(153)

Giraffen gebären im Stehen.
Die Babys fallen dabei fast 2 Meter
in die Tiefe. [→251, 313, 628]

(154)

Schlaf steigert die Libido.
Eine Studie mit amerikanischen
Studentinnen hat gezeigt:
1 Stunde mehr Schlaf erhöht
die Wahrscheinlichkeit um 14 Prozent,
am nächsten Tag Sex zu haben.
Männer wurden nicht untersucht.

(155)

«Bellen» war bis ins 18. Jahrhundert
ein starkes Verb:
Der Hund billt, ball (oder boll),
hat gebollen. Noch Goethe hat diese
Formen benutzt.

(156)

Der Regen, der in der Schweiz in
einem Jahr fällt, entspricht ungefähr
der Wassermenge des Bodensees.

(157)

Wer während der Schwangerschaft
regelmässig zuckerfreie Kaugummis
kaut, senkt das Risiko einer
Frühgeburt, so eine Studie aus Malawi.
Der künstliche Süssstoff verbessert
die Mundgesundheit und verhindert so,
dass gefährliche Bakterien
in die Plazenta gelangen. [→83]

(158)

Verkehr macht aggressiv – man spricht von *Road Rage*. Die Wut reicht über den Strassenraum hinaus: An Tagen mit besonders schlimmen Staus nimmt die häusliche Gewalt in Los Angeles um 9 Prozent zu.

[→44, 272, 602, 853]

(159)

Für «rückwärts» sagt man in Bayern und Österreich *arschlings*. Beispielsatz: *Do hots mi arschlings highaud!*

(160)

Warnhinweise können paradoxerweise den Verkauf ankurbeln. Untersuchungen zu Süssstoffen oder Haarwachsmitteln haben gezeigt: Im ersten Moment wirken die Warnungen abschreckend. Sie geben dem Produkt jedoch auch einen seriösen Anstrich, sodass mit der Zeit immer mehr Kund:innen danach greifen.

(161)

Die Muttersprache belegt in unserem Gehirn weniger Speicherplatz als ein einziges Digitalfoto auf dem Handy.

(162)

Vor etwa 7000 Jahren pflanzten sich in weiten Teilen Eurasiens bis zu 17 Mal so viele Frauen wie Männer fort. Ob bloss wenige Männer Zugang zu Frauen hatten oder ob die Zahl der Männer infolge Gewalt so stark geschrumpft war, ist umstritten.

(163)

Die weltweit längste Treppe verläuft entlang der Niesenbahn und zählt 11 674 Stufen. Ganz in der Nähe, nämlich in Frutigen, befindet sich auch die vermutlich breitste Treppe der Welt: die 320 Meter breite Fluchttreppe des Lötschberg-Basistunnels.

(164)

In Ecuador wachsen 4200 Orchideenarten – mehr, als es Blütenpflanzen in der Schweiz gibt.

(165)

Delfine können nicht reden, aber pfeifen. Jedes Tier hat ein individuelles Pfeifsignal, mit dem es sich zu erkennen gibt. Um ein bestimmtes Individuum anzusprechen, benutzen seine Artgenoss:innen manchmal dessen persönliche Referenzmelodie – die Delfine rufen sich also gewissermassen beim Namen. [→200, 922]

(166)

Holz beruhigt. Normalerweise haben Schüler:innen im Unterricht eine deutlich erhöhte Herzfrequenz – in holzverkleideten Klassenzimmern jedoch sinkt der Puls auf Werte wie in den Ferien.

(167)

Über Schach gibt es mehr Bücher als über alle anderen Spiele zusammen.

(168)

Die einheimischen Eiben sind hochgiftig. Das Verarbeiten von Eibenholz kann Übelkeit verursachen, das Verweilen unter einer Eibe angeblich zur Betäubung führen. Schon 2 bis 3 Eibenbeeren verursachen bei Kindern gefährliche Symptome – für Erwachsene sind 50 Gramm Eibennadeln tödlich. Für Kaninchen genügen 2 Gramm.

(169)

Tod beim Sex ist relativ selten. Einzig beim Seitensprung haben Männer ein erhöhtes Infarktrisiko – womöglich deshalb, weil sie sich dabei mehr anstrengen als daheim.

[→475]

(170)

Windsurflehrer:in ist in der Schweiz ein offizieller Beruf – es gib dafür sogar einen eidgenössischen Fachausweis.

(171)

Gemäss amerikanischem Lebensmittelrecht dürfen Nahrungsmittel ziemlich grosse Verunreinigungen enthalten. Ein paar Beispiele für Obergrenzen:

Schokolade: maximal 60 Insektenfragmente und 1 Nagetierhaar pro Tafel
Getrocknete Pilze: höchstens 20 Larven pro Säckchen
Weizenmehl: 1500 Insektenfragmente und 20 Nagetierhaare pro Kilo
Tomatenpüree: 20 Fliegeneier in 100 Gramm
Beeren: 4 Larven oder 10 ganze Insekten pro Pfund

(172)

Nicht jede:r findet ein Betätigungsfeld, das seinem Namen entspricht: Ahmet Türk wurde zum Kurdenführer, Charles Zuker entdeckte Säurerezeptoren, Dietmar Oeliger wettert gegen Schwerölschiffe. Raimund Rodewald ist Landschaftsschützer, Volker Mauss Wespenexperte, Michael Bowling erforscht Poker und Delphine Chinchilla leitet einen botanischen Garten. [→451, 619, 810]

(173)

Stechmücken sind lernfähig:
Sie merken sich Menschen, die nach ihnen schlagen, und umfliegen diese fortan grossräumig.

[→88, 283, 354, 519, 543, 761]

(174)

Auf einem einzigen Hektar Regenwald gibt es mehr Baumarten als in ganz Europa.

(175)

Die auch bei uns heimischen Würfelnattern beschmieren sich bei Gefahr mit Kot, um ungeniessbar zu werden. Hilft das nicht, so stellen sie sich tot: Sie drehen sich auf den Rücken, öffnen das Maul, lassen die Zunge heraushängen und Blut herauslaufen.

(176)

Die Staugebühr wirkt:
Allein seit 2017 hat der Veloverkehr in der Londoner Innenstadt um 70 Prozent zugenommen, während der Autoverkehr um 34 Prozent zurückging.

(177)

Gewaltdelikte und Unfälle häufen sich nicht etwa im Winter, sondern im Sommer. An Hitzetagen schnellen nicht nur die Unfallzahlen hoch, sondern beispielsweise auch die Suizidversuche. Beides könnte damit zu tun haben, dass die Leute wegen der Wärme müde sind und keine Ressourcen mehr haben.

(178)

In Japan gibt es mehr Haustiere als Kinder.

(179)

Langstreckenrennen tun weh – das muss man aus einer Umfrage unter den Teilnehmenden des Bonn-Marathons vor einigen Jahren folgern: Fast zwei Drittel der Läufer:innen gaben an, schon vor dem Start Schmerzmittel geschluckt zu haben. [→228]

(180)

In der Region Marseille gibt es doppelt so viele Drogenumschlagplätze wie Poststellen.

(181)

«Herrlich» stammt nicht von «Herr»: Beide Wörter gehen auf «hehr» zurück, haben sich aber unabhängig voneinander entwickelt.

[→634]

(182)

Der Palast des türkischen Präsidenten Erdogan hat 1100 Zimmer und muss permanent von mehr als 1000 Polizisten bewacht werden. Für die Betriebskosten 2025 sind umgerechnet 150 Millionen Franken budgetiert.

(183)

Jedes einzelne Zeichen, das man in ein Dokument in einer Cloud tippt, löst einen Datenstrom von bis zu 10 000 Zeichen aus.

(184)

Langes Stehen ist für das Herz-Kreislauf-System nicht viel besser als langes Sitzen. Richtig gesund wäre nur, weniger an Ort und Stelle zu verharren und sich mehr zu bewegen.

(185)

Wer einen Fernseher besitzt,
hat 6 Prozent weniger Sex.
Steht die Kiste im Schlafzimmer, so
sinkt die Sexfrequenz laut einer
etwas älteren italienischen Umfrage
gar um die Hälfte.

(186)

Die meisten Kängurus sind
Linkshänder. [→712, 930]

(187)

Vom Bungeejumping bis zum
Gourmetdinner:
Exklusive Erlebnisse machen glücklich.
Aber sie haben einen Preis,
den man selten bedenkt: Sie sind
imstande, die Beziehung zu
Freund:innen zu zerstören, die mit
keinen vergleichbaren Abenteuern
auftrumpfen können.

(188)

Tätowierte Haut kann nicht mehr
richtig schwitzen. [→407]

(189)

Die Hälfte aller *Miss Americas* der
letzten Jahrzehnte waren Blondinen –
obwohl nur etwa 4 Prozent
der erwachsenen Amerikaner:innen
natürlicherweise blond sind.
[→600, 718]

(190)

Im Französischen gibt es nicht nur den Teufelskreis (*cercle vicieux,* «Lasterkreis»), sondern auch das positive Gegenteil davon, den *cercle vertueux* (Tugendkreis). Der Ausdruck fehlt im Deutschen – am ehesten liesse er sich mit «Aufwärtsspirale» wiedergeben.

(191)

Frauen träumen häufiger von Männern als Männer von Frauen.

(192)

Die Schweiz ist das einzige Land in Europa, in dem man seinen Hund oder seine Katze aufessen darf. Der Handel mit Hunde- und Katzenfleisch ist aber verboten: Verspeisen darf man nur die eigenen Tiere.

(193)

Die Nacht wird zunehmend zum Tag. Allein zwischen 1994 und 2009 hat die Fläche mit natürlicher Dunkelheit in der Schweiz von 28 auf 18 Prozent abgenommen. Im Mittelland gibt es keinen einzigen Quadratkilometer mehr, der nachts wirklich dunkel ist.

[→230, 803]

(194)

Kaltes Wasser fühlt sich nässer an
als warmes. Was daran liegt,
dass wir Nässe gar nicht spüren können:
Der Körper erkennt sie nur indirekt,
anhand von verändertem Druck
und Temperatur. Hält man eine Hand
reglos in körperwarmem Wasser,
empfindet man praktisch keine Nässe.

(195)

Einige Wörter mit 4 «i»:

dirigistisch
Infinitiv
Intimizid
intrigistisch
Minibikini
Minibildschirm
mirnichtsdirnichts
Mississippi
Nihilistin
philippinisch
Primitivling
Risibisi
simplizistisch
spiritistisch
Zivilistin

(196)

2024 gab es an der Spitze
der 160 börsenkotierten Firmen
in Deutschland 10 Chefs mit
Vornamen Christian – aber insgesamt
nur 7 Chefinnen.

(197)

Das Völlegefühl nach dem Fondue rührt daher, dass die Käsemasse im Magen gerinnt und das Fett obenauf schwimmt. Darum gelangt es als Letztes in den Darm – und löst dort massive, aber verspätete Sättigungssignale aus. Ein Verdauungsschnaps ist in diesem Moment kontraproduktiv: Er bremst den Übergang des Fetts in den Darm noch zusätzlich.

[→505]

(198)

Honigbienen tanzen im Dialekt.

(199)

Nennt man die Fantasiewörter «Bouba» und «Kiki» und zeigt dazu eine runde und eine spitzige Form, so assoziieren wir «Bouba» mit der runden, «Kiki» mit der spitzigen Form. Diesen Zusammenhang sehen alle Menschen so, unabhängig von Geschlecht, Ethnie, Sprache und Alter. Sogar 3-tägige Küken machen dieselbe Zuordnung.

(200)

Elefanten kommunizieren auf komplexe Weise miteinander. Sie geben einander Namen und haben in ihrer Sprache sogar ein Wort für Mensch.

[→165]

(201)

Die Herstellung eines Fünfräpplers kostet 6 Rappen.

(202)

99,999 Prozent der Weltbevölkerung atmen übers Jahr eine Feinstaubmenge ein, die über dem von der WHO festgelegten Grenzwert für eine unbedenkliche Belastung liegt.

[→784]

(203)

Herzklopfen, Schweissausbrüche, Erregtheit:
Die körperlichen Symptome von Angst und Verliebtheit gleichen sich. Und tatsächlich kommt es mitunter zu Verwechslungen – wir fühlen uns zu jemandem hingezogen, bloss weil wir uns in einer gefährlichen Situation befinden.
Experimente zeigen: Auf einer schwankenden Hängebrücke sind Männer bei einer inszenierten Begegnung eher geneigt, mit einer unbekannten Frau anzubändeln, als auf einer stabilen Brücke.

[→259, 358, 877]

(204)

Noch nie seit Beginn der Statistik 1880 wurde in der Schweiz pro Kopf so wenig Alkohol getrunken wie heute.

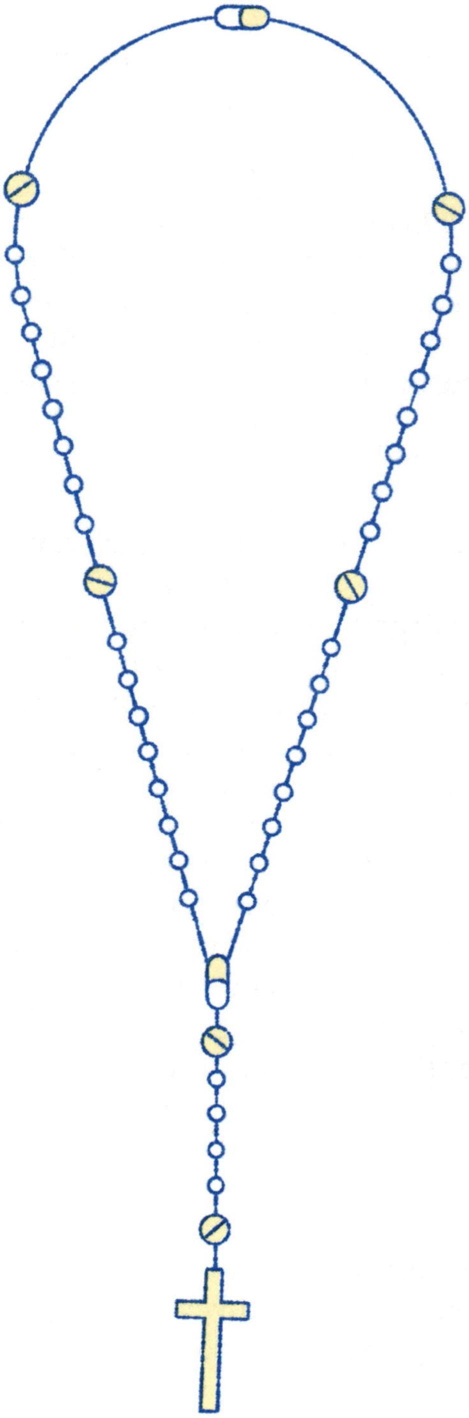

(205)

Nicht nur Katzen, auch viele Vogelarten haben hochsensible Schnurrhaare, die meist um den Schnabelansatz herum angeordnet sind.
Vermutlich dienen sie der nächtlichen Nahrungssuche.

(206)

73 Prozent der amerikanischen Intensivpfleger:innen setzen Gebete in ihrer Arbeit ein.

(207)

Unfallwarnschilder können Unfälle auslösen. In Texas haben elektronische Tafeln mit Angaben zu Unfalltoten zu fast 5 Prozent mehr Unfällen auf den folgenden 10 Kilometern geführt.
Besonders paradox:
Je höher die eingeblendete Zahl, desto mehr Unfälle löst sie aus.
Wahrscheinlich lenken die Schocknachrichten die Fahrer:innen ab.

[→119, 909]

(208)

Umfrageresultate werden stark von äusseren Faktoren beeinflusst.
Experimente haben gezeigt: Wenn man die Raumtemperatur erhöht, wächst auch die Sorge um die Klimaerwärmung. Und je durstiger eine Person ist, desto eher fürchtet sie künftige Dürren.

(209)

Klassischer Scheinanglizismus:
Was wir im Deutschen «Beamer» nennen,
heisst auf Englisch *projector.*
Hingegen ist *beamer* im Englischen
ein umgangssprachliches Wort
für einen BMW.
Ein Satz wie «*My office is too small
for a beamer*» muss für Englischsprachige
reichlich seltsam wirken.

[→639, 832, 888]

(210)

Das beste Mittel, um einen
wilden Jaguar in eine Fotofalle zu locken,
ist der Duft «Obsession for Men»
von CALVIN KLEIN.

(211)

Das australische Schnabeltier hat
einen Giftstachel. Sein Stich ist
mit monatelangen starken Schmerzen
verbunden. Schmerzmittel sind fast
wirkungslos – ein Gegengift existiert
nicht.

(212)

Als Massnahme gegen die Korruption
haben Nepals Behörden 2009
angeordnet, dass die Uniformen der
Flughafenangestellten keine
Hosensäcke mehr haben dürfen.

(213)

«Tar da da?»
«Da tar da.»
«Da da da tar!»

Alles Dada? Nein, vielmehr ein kleiner Dialog in der Mundart von Schleitheim (SH). Übersetzung:

«Darf der das?»
«Der darf das.»
«Dass der das darf!»

Die Schleitheimer:innen haben eine Vorliebe für den Vokal «A»: Der Ort selber heisst im lokalen Dialekt *Schlaate,* und es gibt dort sogar einen *Tar-da-da*-Weg.

[→457, 649, 710, 739]

(214)

Nur 0,2 Prozent der Schweizer Landesfläche unter 500 Metern ist noch naturnah.

(215)

Noch 1960 gab eine Schweizer Kuh im Schnitt nur 3000 Liter Milch pro Jahr – heute sind es mehr als 7000 Liter.

(216)

1990 fanden erst 8 Prozent der Sportgrossveranstaltungen in autokratischen Ländern statt – heute sind es fast 40 Prozent.

(217)

Zur Redensart
«Eulen nach Athen tragen»
hat fast jedes Land eine eigene Variante.
Bei uns trägt man auch Wasser
in den Rhein oder in die Aare,
in Italien
Vasen nach Samos,
in Spanien
Weizen nach Kastilien,
in England
Kohlen nach Newcastle,
in Portugal
Bananen nach Madeira,
in Russland
einen Samowar nach Tula
und in Indien
Pfeffer nach Hindustan.

(218)

Die chemische Zusammensetzung
des menschlichen Atems ist
hochgradig individuell. In Analogie
zum Fingerabdruck spricht man daher
auch vom Atemabdruck.

[→812]

(219)

Bei hochentwickelten Arten wie
Orang-Utans, Wölfen, Makaken,
Elefanten, Schafen, Wellensittichen
oder Ratten ist Gähnen ansteckend.
Hunde und Schimpansen lassen
sich sogar von menschlichem Gähnen
anstecken. [→363, 482, 964]

(220)

Vögel vertragen bis zu 40 Promille Alkohol im Blut. Für Menschen können schon 4 Promille tödlich sein.

[→450]

(221)

Der Steinpilz heisst auf Holländisch «Eichhörnchenbrot» *(eekhoorntjesbrood)*.

(222)

Während wir die Welt vermeintlich ruhigen Blickes betrachten, springen unsere Augen bis zu 3 Mal pro Sekunde hin und her, ohne dass wir es merken. Deswegen entgeht uns etwa 10 Prozent des Geschehens. Weitere 10 Prozent verpassen wir durch Blinzeln. Immerhin: Unser Gehirn ist gut darin, die Lücken zu füllen.

[→801]

(223)

Brüllaffen verbrauchen ein Viertel der Kalorien, die sie konsumieren, zum Totschlagen von Fliegen.

(224)

Schlafmangel macht geizig. In der Woche nach der Umstellung auf Sommerzeit sinken die Spenden für wohltätige Zwecke jeweils um 10 Prozent. [→598]

(225)

Die Falten über den Augen von Pferden, die aussehen wie Sorgenfalten, sind tatsächlich Sorgenfalten.

(226)

Im Herbst graben Elchbullen mit ihren Hufen Brunftgruben in den Boden. Sie pinkeln hinein und benetzen sich mit dem Urin. Der Duft lockt Weibchen an und löst bei ihnen den Eisprung aus.

[→313, 353, 919]

(227)

Das Verb *akihi* ist Hawaiisch und bedeutet: eine Wegbeschreibung sofort wieder vergessen, nachdem man sie gehört hat.

(228)

Vor runden Geburtstagen stellen manche ihr Lebenskonzept in Frage. Mit 29, 39 oder 49 Jahren melden sich überdurchschnittlich viele Leute erstmals für einen Marathon an – und überdurchschnittlich viele gehen fremd. [→179, 256, 506]

(229)

Wer während einem langweiligen Vortrag etwas vor sich hinkritzelt, kann sich nachher besser an den Inhalt erinnern.

(230)

Dunkelheit macht unmoralisch.
Versuche haben gezeigt:
Je mehr Lampen man ausschaltet,
desto mehr wird geschummelt.

[→193, 803]

(231)

Jedes Lebewesen kann in Narkose
versetzt werden: Menschen und Tiere,
aber auch Pflanzen. Und zwar mit
genau denselben chemischen Mitteln.

[→517]

(232)

Zwei Drittel der unverheirateten
18- bis 34-jährigen Japaner:innen sind
ohne Partner:in und wollen es
mehrheitlich bleiben.
2035 wird in Japan die Hälfte aller
Menschen alleine leben.

(233)

Berner:innen reden tatsächlich
langsamer: Sie bringen
es nur auf 5 Silben pro Sekunde,
Zürcher:innen auf 6.

[→696]

(234)

Banker:innen, die vor der Arbeit
statt Finanzdaten die biblischen
10 Gebote studieren,
agieren danach fairer und
rücksichtsvoller.

(235)

Das antike Rom war mit einer ausgeklügelten Kanalisation ausgestattet. Die grösste Abwasserleitung, die *Cloaca Maxima,* hatte sogar ihre eigene Schutzgöttin, die sinnigerweise Cloacina hiess.

(236)

Bienen können schwimmen.

[→27]

(237)

Das dehnbarste aller Metalle ist Gold. Aus einem einzigen Gramm liesse sich theoretisch ein ultrafeiner Faden von 24 Kilometern Länge ziehen. Dieser wäre 1000 Mal dünner als ein Blatt Papier.

(238)

Elefanten sind die einzigen Tiere, die mit zusammengepressten Lippen quietschen können. Die Technik gleicht jener von menschlichen Blechbläsern. [→60, 142, 334, 503]

(239)

Menschen, die in Grossraumbüros arbeiten, haben 62 Prozent mehr Krankheitstage als jene in Einzelbüros.

[→699]

(240)

In den reichsten Ländern
ist es für Expats am schwierigsten,
Freund:innen zu finden.

[→53, 648, 665]

(241)

Von 1985 bis 2005 hat sich die Fläche
der Golfplätze in der Schweiz
vervierfacht. Seither hat sie sich
nochmals verdoppelt.
In den Boomjahren 1995 bis 2005
wurde alle 17 Sekunden 1 Quadrat-
meter Kulturland in Golfrasen
umgewandelt.

(242)

Wer ein Ferienhaus hat, lebt länger.

(243)

Wenn man Plattwürmern den Kopf
abschneidet, wächst ein neuer nach.
Sogar manche Erinnerungen überleben
die Enthauptung.

[→321, 709, 883]

(244)

Der morgendliche Sand in
den Augen besteht zu einem grossen
Teil aus den Überbleibseln weisser
Blutkörperchen. Diese fressen nachts
die Bakterien, die sich in der
Tränenflüssigkeit unter den
geschlossenen Lidern sonst prächtig
vermehren würden.

(245)

Schwarze Frauen in den USA haben
ein 40 Prozent höheres Risiko
als weisse, an Brustkrebs zu sterben.

(246)

Namen, die fast gleich tönen,
aber emotional und geografisch
weit auseinanderliegen:

John und Gion
Payerne und Bayern
Bordeaux und Porto
Silke und Sihlquai

(247)

90 Prozent aller bekannten Tierarten
sind kleiner als ein Fingernagel.

(248)

«Den Mund spitzen»
heisst auf Französisch *mettre la bouche
en cul-de-poule* – übersetzt: mit
dem Mund einen Hühnerarsch bilden.

(249)

Nur ein Drittel der deutschen
Schüler:innen weiss, dass die Sonne
im Osten aufgeht. [→799, 912]

(250)

Gemüse mit einem Label von
MC DONALD'S schmeckt Kindern besser
als identisches Gemüse ohne Label.

(251)

Fledermäuse gebären kopfüber. Sie breiten dabei ihre Flügel aus, um das Neugeborene notfalls aufzufangen.

[→153, 726, 939, 948]

(252)

Was bedeutet für Sie Glück? Diese Frage stellten Wissenschaftler 1938 den Einwohner:innen der englischen Stadt Bolton. Auf die ersten 3 Plätze kamen Sicherheit, Bildung und Religion. Als man die Studie 2014 wiederholte, wurden gute Laune, Freizeit und Sicherheit als die wichtigsten Glücksfaktoren genannt. In dieses Bild passt auch, dass sich das zeitgenössische Glück auf das Wochenende konzentriert, während sich die Menschen vor 80 Jahren die ganze Woche über gleich glücklich fühlten.

(253)

Eine kurze Umarmung durch den Partner lindert akuten Stress – allerdings nur bei Frauen. [→102]

(254)

Die Wahrscheinlichkeit, dass man mit 6 Würfeln alle 6 Zahlen von 1 bis 6 aufs Mal wirft, beträgt 1,5 Prozent.

(255)

Der Goldpreis ist seit 3000 Jahren
ziemlich stabil.
1 Unze Gold hatte meist den Wert
von etwa 300 bis 400 Kilo Brot.

(256)

Wer gerade eine Diät macht,
ist eher geneigt, fremdzugehen.
[→110, 228, 307, 506, 831]

(257)

Königspinguine sind saisonal
monogam. Sie bevorzugen
Partner:innen, die ähnliche Schnabel-
farben haben. [→341, 560, 783, 840, 946]

(258)

10 Prozent der Einwohner:innen
der Seychellen sind heroinsüchtig.

(259)

Wenn Frauen auch nur ein paar Takte
Musik hören, empfinden sie Männer
danach als attraktiver und sind eher zu
einem Rendezvous bereit.
Männer hingegen sind immun gegen
diese Wirkung der Musik.
[→203, 358, 877]

(260)

Die globale Hundepopulation
ist gleich schwer wie alle wild lebenden
Landsäugetiere zusammen.

(261)

Profifussballer erleiden im Schnitt 1,9 Verletzungen pro Saison, wie eine Untersuchung in England ergeben hat. Die Spiele sind über die Jahre immer härter geworden.

(262)

Unter den 50 meistverdienenden Sportler:innen der Welt ist keine einzige Frau.

(263)

Der Golfstrom, der uns viel Wärme bringt, transportiert fast 100 Mal so viel Energie, wie die gesamte Menschheit verbraucht.

(264)

Essen wirkt salziger, wenn es aus blauen Schüsseln kommt. Der Effekt lässt sich manchmal auch mit blauem Besteck hervorrufen.

[→49]

(265)

Mehr als die Hälfte aller internationalen Tourist:innen weltweit kommen aus Europa.

(266)

Jeden Tag isst fast 1 Prozent der Weltbevölkerung bei MCDONALD'S.

[→4, 296, 496, 666]

(267)
Das Zeichen für «Deutsch» in der Gebärdensprache ist ein nach oben ausgestreckter Zeigefinger, den man sich an die Stirn hält: Er symbolisiert die Pickelhaube, den spitzen Helm der preussischen Armee. Für «Schweizerdeutsch» malt man sich mit Daumen und Zeigefinger ein Kreuz aufs Herz und macht danach die Pickelhaube. [→36, 449]

(268)
Pro Einwohner:in kommen jährlich 27 Tourist:innen nach Dubrovnik – Europarekord.

(269)
In Siedlungen leben heute deutlich mehr Igel als im ländlichen Raum. In englischen Städten ist die Igeldichte 7½ Mal höher als auf dem Land.

(270)
Gemessen an den Zugkilometern pro Kopf ist die Schweiz Bahnweltmeisterin. Beim Anteil der Schiene am gesamten Individualverkehr hingegen führt Japan.

(271)
Ein Floh kann einem Löwen mehr Ärger bereiten als ein Löwe einem Floh. (Kenianisches Sprichwort)

(272)

Wut ist lebensgefährlich, besonders
für Menschen mit schwachem Herz:
Nach einem schweren Wutanfall
ist ihr Herzinfarktrisiko für 2 Stunden
um den Faktor 8 erhöht.

[→44, 158, 602, 853]

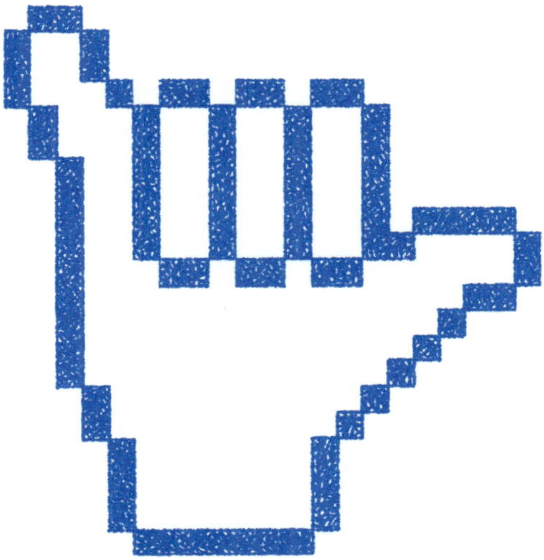

(273)

Einige Ausdrücke
mit unangemessenen Verben:

im Internet «surfen»
ins Gefängnis «wandern»
Pornografie «konsumieren»
im KZ «sitzen»
eine Kampagne «fahren»
einen Unfall «bauen»
Bitcoins «schürfen»
mit dem Leben «bezahlen»

(274)

Wenn ein Mann in einem Pissoir direkt neben einem anderen stehen muss, braucht er doppelt so lange, bis er zu pinkeln beginnt. Ausserdem uriniert er dann weniger lang und mit weniger Druck.

[→365]

(275)

Das Bayerische kennt die 3-fache Verneinung: *«I daad nia koa Suppn ned essn!»*

(276)

In Italien ist die Zahl der Geburten so tief wie noch nie seit 1861 – in China gar seit 1790. In Südkorea, dem Land mit der welttiefsten Fertilitätsrate, wollen zwei Drittel der jungen Frauen keine Kinder.

(277)

Frauen erleiden im Spitzenfussball 3 Mal so viele Kreuzbandverletzungen wie Männer. Gründe dafür sind die Doppelbelastung aus Beruf und Sport, aber auch das Hormon Östrogen. Seinetwegen sind vor allem in der ersten Hälfte des Zyklus die Bänder weniger fest, was die Verletzungsgefahr erhöht. Zur Prävention werden mehr Erholung und gezieltes Krafttraining empfohlen.

(278)

Wer häufig «ich» sagt, neigt eher
zu Depressionen.

(279)

Spermien schlängeln nicht,
sie schrauben sich vorwärts wie
ein Zapfenzieher.

(280)

Statt «die Radieschen von unten
betrachten» sagt man
in Frankreich
«Löwenzahn von der Wurzel her essen»
(manger les pissenlits par la racine),
in Ungarn
«die Veilchen von unten riechen»
(alulról szagolja az ibolyát),
in England
«Gänseblümchen hinaufdrücken»
(to push up daisies)
und in Italien
«den Radicchio schubsen gehen»
(andare a spingere il radicchio).
[→446]

(281)

Eine Bar, die auf übergrosse
Gläser setzt, kann an einem Abend im
Schnitt etwa 10 Prozent mehr Wein
ausschenken. Dies gilt auch dann,
wenn die Weinmenge pro Glas genau
gleich bleibt. [→778]

(282)

Der Murtensee war schon in
der Römerzeit überdüngt.

(283)

Schwangere werden doppelt so oft
von Mücken gestochen
wie nichtschwangere Frauen.

[→88, 173, 354, 519, 543, 761]

(284)

Um die Reinheit ihrer Sprache zu
bewahren, erfinden die Isländer:innen
für neue Dinge stets neue Wörter.
Für Autobatterie sagt man im
Isländischen *rafgeymir,* was wörtlich
«Bernsteinbehälter» bedeutet.
Der Fernseher heisst *sjónvarp* (Sichtwurf),
das Radio *útvarp* (Auswurf).
Der Computer wird *tölva* genannt,
eine Verschmelzung von *tala* (Zahl)
und *völva* (Zauberin).
In der isländischen Vorstellung ist der
Computer also eine Zahlenzauberin.

(285)

Zwei Drittel der Menschen weltweit
halten Babys vorzugsweise
im linken Arm. Unter den Frauen sind
es sogar drei Viertel. Grund dafür ist
vermutlich, dass unsere linke
Körperseite enger mit den Emotionen
verknüpft ist als die rechte.

(286)

Eine 2-minütige Dusche frisst gleich viel Energie, wie ein Haushalt an einem Tag für das Licht verbraucht.

(287)

Im Englischen gibt es, im Gegensatz zu den meisten anderen europäischen Sprachen, kein eigenes Verb für «schweigen».

(288)

Das Auge hört mit:
Wir empfinden rote Autos als deutlich lärmiger als andersfarbige, auch wenn sie genau gleich laut sind.

[→62, 929]

(289)

Für Frauen steigen die Chancen, eine Orchesterstelle zu bekommen, um ein Mehrfaches, wenn das Probespiel hinter einem Vorhang stattfindet – die Jury also nicht weiss, ob da eine Frau oder ein Mann musiziert.

(290)

41 Prozent der 18- bis 36-jährigen britischen Frauen berichten, schon einmal ungefragt ein *Dickpic* erhalten zu haben.
Nur 5 Prozent der Männer geben zu, jemals ungefragt ein solches Penisbild versandt zu haben.

(291)

Das islamische und jüdische Verbot,
Schweinefleisch zu essen,
hat nichts damit zu tun, dass dieses
ungesund oder unhygienisch wäre:
Beides ist nicht wahr.
Vielmehr wurden im Nahen Osten
durchaus Schweine gehalten, solange
es dort grosse Wälder gab.
Der Wald lieferte die nötige Feuchtigkeit
und das Futter, vorwiegend Eicheln
und Buchnüsschen. Als immer mehr
Wälder gerodet wurden, stieg man auf
Rinder und Ziegen um, die Hitze
und Trockenheit besser vertragen und
im Gegensatz zu Schweinen auch
Gras verdauen können. Das Schweine-
fleischtabu folgt also einer
ökonomischen und ökologischen Logik.

[→381, 692]

(292)

Auf dem Höhepunkt der Hitzewelle
im Sommer 2021 schmolzen in
Grönland an einem einzigen Tag
12 Milliarden Tonnen Gletschereis.

[→57]

(293)

Mit zunehmendem Alter ändern
sich die Telefonvorlieben von Frauen.
Bis Mitte 50 ist meist der Ehemann
auf Rang 1 der am häufigsten
Angerufenen – danach die Tochter.

(294)

In der Urfassung von Schneewittchen war nicht die Stiefmutter der Bösewicht, sondern die leibliche Mutter.

[→773, 983]

(295)

Zeug:innen machen genauere Aussagen, wenn ein Roboter sie befragt.

[→902]

(296)

Mehr als die Hälfte der Kalorien, die die Menschheit konsumiert, stammen von 4 Pflanzen: Reis, Mais, Weizen und Soja.

[→4, 266, 496, 666]

(297)

Für «wählerisch beim Essen» sagt man in der Schweiz *schnäderfräsig* oder *wunderlig* – in Deutschland ist die Vielfalt sehr gross: Sie reicht von *mäkelig* und *heikel* über *krüsch* (Schleswig-Holstein), *hählmaulig* (Bayern), *gnäschig* (Franken), *schleckig* (Baden-Württemberg), *schnücksch* (Nordrhein-Westfalen) und *käbsch* (Sachsen) bis zu *kisefretsch* (Sachsen-Anhalt).

(298)

Bereits nach wenigen Sekunden eines Liedes schlagen die Herzen von Chorsänger:innen im Gleichtakt.

(299)

Ein Mann mit Bart sollte nicht
ins Feuer blasen.
(Nigerianisches Sprichwort)

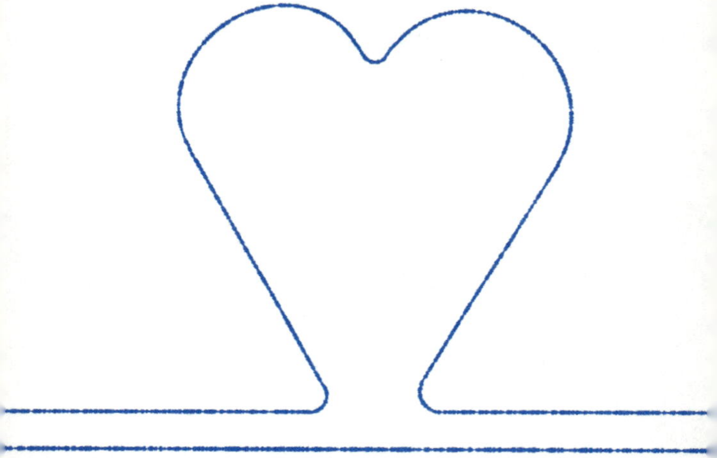

(300)

Eine Python kann ein Beutetier fressen, das gleich schwer ist wie sie selber. Um es zu verdauen, muss die Schlange ihren Stoffwechsel ankurbeln und dazu ihr Herz vergrössern – innert 2 bis 3 Tagen nach dem Verschlingen wächst es um fast die Hälfte.

(301)

In den USA versäumen mehr als die Hälfte der alimentpflichtigen Väter ab und zu eine Unterhaltszahlung für ihre Kinder, aber nur 5 Prozent eine Kreditrate für ihr Auto.

(302)

Einige surselvische Flüche und Schimpfwörter:

Buglialatg! (Feigling,
wörtlich «Milchbrei»)
Cac! (scheisse)
Lumbardun! (Lump, wörtlich
«grosser Lombarde»)
Purschinchel! (Säuli)
Sfarfatg! (frecher Kerl)
Smaledet! (verflucht)
Tgagiacaultschas! (Hosenscheisser)
Tschappatalpas! (Blödmann,
wörtlich «Maulwurffänger»)
Valanuot! (Nichtsnutz)

(303)

Feldhasen können fast so hoch springen wie die besten Menschen: 2 Meter.

(304)

Wenn sie die Wahl haben, bevorzugen Menschenaffen gekochte Nahrung. Diese ist auch für sie leichter verdaulich.

(305)

Bauernregel für den Laurentiustag (10. August):
«Laurentius heiter und gut,
einen schönen Herbst verheissen tut.»
Stimmt in etwa 4 von 5 Fällen.

(306)

Weinbergschnecken können bis zu 30 Jahre alt werden.

(307)

Frauen, die viel Schokolade essen, haben weniger Interesse an Sex. Bei Männern findet man keinen vergleichbaren Zusammenhang.

[→110, 256, 551, 827, 831]

(308)

Das menschliche Gehirn arbeitet unglaublich effizient – pro Sekunde verbraucht es lediglich so viel Energie, wie in 5 Milligramm Joghurt enthalten ist. Heutige Supercomputer fressen umgerechnet mehr als 5 Kilo Joghurt pro Sekunde, sind aber trotzdem nicht imstande, das Gehirn zu simulieren.

(309)

Die beim Niesen ausgestossene Luft erreicht ähnliche Windgeschwindigkeiten wie ein Tornado.

[→18, 32, 142, 363, 374, 650, 792, 949]

(310)

Mit einem grossen Bier intus beherrschen wir Fremdsprachen besser als nüchtern. Bei grösseren Mengen Alkohol verschwindet der positive Effekt allerdings wieder. [→542]

(311)

1 Prozent der Weltbevölkerung ist für mehr als die Hälfte aller Treibhausgasemissionen der Luftfahrt verantwortlich.

(312)

Die Schimpansen im ugandischen Kibale-Nationalpark schauen zuerst nach rechts und nach links, bevor sie eine Strasse überqueren.

(313)

Golden Shower im Tierreich: Bei den Giraffen fangen paarungswillige Bullen mit ihrem Maul den Urin von Kühen auf und eruieren so, welche am ehesten nach ihrem Geschmack ist. Die Weibchen wiederum zeigen ihre Zuneigung zu einem Bullen, indem sie pinkeln, wenn er vorbeigeht. [→153, 226, 353, 628, 919]

(314)

Eine Eselsbrücke für die chemische Formel von Alkohol (C_2H_5OH) lautet: Herr Ober, 5 Helle, 2 Cognac! Man muss dazu die Formel rückwärts lesen.

(315)

Wäre die Erde ein Schwarzes Loch, so betrüge ihr Durchmesser bloss 1,8 Zentimeter.

(316)

Wer Fast Food online kauft,
bestellt im Schnitt 30 Prozent mehr.
Ein wichtiger Grund:
Der Schamfaktor fällt weg.

(317)

Fast alle Ampelknöpfe an New Yorker
Fussgängerstreifen sind Fake,
die Lichtsignale werden längst digital
gesteuert. Trotzdem haben sie
eine Funktion, und darum hat man
sie nicht abmontiert:
Wer einen Knopf drückt, geht seltener
bei Rot über die Strasse.

(318)

60 Prozent der Fungizide
werden in Europa auf Weinreben
ausgebracht – obwohl diese nur
5 Prozent der Anbaufläche ausmachen.

(319)

Bisse von Menschen sind gefährlicher
als die von Hunden.
Bei jedem vierten Menschenbiss,
aber nur bei jedem zehnten Hundebiss
kommt es zu einer Infektion.

(320)

99,8 Prozent der Pakistaner:innen
glauben an die Hölle – Weltrekord!

(321)

Süsswasserpolypen,
kleine einheimische Verwandte
der Quallen, haben eine erstaunliche
Regenerationsfähigkeit:
Noch aus einem Hundertstel eines
erwachsenen Tieres kann ein neues
Exemplar heranwachsen.
Und wenn ein Polyp durch ein Fischer-
netz gedrückt wird, kann er
sich selbst wieder zusammensetzen.

[→243, 342, 702, 709]

(322)

Ausser dem Menschen gibt es
nur eine einzige Tierart, bei der Sex
im Verborgenen stattfindet:
den Graudrossling.
Ein Wüstenvogel, der fest verpaart in
stabilen sozialen Gruppen lebt.

(323)

Männer mit Glatze haben ein erhöhtes
Risiko für Herzkrankheiten.
Dies gilt allerdings nur für Scheitel-
glatzen – Stirnglatzen bergen
keine Gefahr. [→541]

(324)

Auch Wale werden braun, wenn
sie sich lange an der Sonne aufhalten.
Ziehen sie aus den Polargebieten in
die Tropen, bekommen insbesondere
Blauwale in der Anfangszeit häufig
einen Sonnenbrand.

(325)

Dass Frauen älter werden als Männer,
ist kein Naturgesetz.
Noch im späten 19. Jahrhundert
hatten beide Geschlechter
etwa die gleiche Lebenserwartung.
[→30, 499, 740, 802, 819]

(326)

Die norwegische Redewendung
«mit dem Bart im Briefkasten sitzen»
(sitte med skjegget i postkassa)
bedeutet soviel wie «in Schwierigkeiten
stecken» oder «der Dumme sein».
Sie geht zurück auf den Fall
eines kriminellen Postangestellten,
dessen Barthaare man in einem
geplünderten Safe fand.

(327)

England ist 4 Mal so dicht besiedelt
wie Frankreich. [→548, 839]

(328)

Unser Spürsinn ist über den ganzen
Körper sehr unterschiedlich ausgeprägt.
An der Zungenspitze können
wir 2 Nadelspitzen einzeln spüren,
auch wenn sie bloss 1 Millimeter
voneinander entfernt sind.
Am Rücken hingegen braucht es einen
Mindestabstand von 7 Zentimetern,
damit wir 2 Stiche als örtlich getrennt
wahrnehmen.

(329)

Treffende amerikanische Ausdrücke für moderne Phänomene:

Trophy Wife – attraktive junge Frau an der Seite eines erfolgreichen, oft schon etwas baufälligen Mannes.
Latte Liberal – konsumorientierter Gutmensch.
Snowflake – überempfindliches Persönchen.
Helicopter Parents – überfürsorgliche Eltern, die unablässig über den Köpfen ihres Kindes kreisen.
Hockey Mom – fährt ihr Kind zu jedem Spiel.
Disney Dad – sieht sein Kind nur alle 14 Tage, bespasst es dann aber maximal.

(330)

Mittelalterliche Schnabelschuhe, lang und eng, waren für die Fussgesundheit ähnlich verheerend wie moderne High Heels. Oft führten sie dazu, dass sich die grosse Zehe dauerhaft verkrümmte (Ballenzeh). Während heute vor allem Frauen betroffen sind, waren es damals vorwiegend Männer.

(331)

Von 1995 bis 2007 stieg der Anteil der chinesischen Stadtfamilien mit Kühlschrank von 7 auf 95 Prozent.

(332)
Einsamkeit ist für die Gesundheit so schädlich wie Rauchen, Trinken oder Bewegungsmangel.

(333)

Wer im Schlaf gleichzeitig Zigarettenrauch und den Gestank von faulen Eiern zu riechen bekommt, raucht danach für eine gewisse Zeit ein Drittel weniger Zigaretten. Tagsüber hat die Prozedur keine Wirkung. [→961]

(334)

Küssen auf Elefantenart:
Wenn sie sich gern haben, verwickeln Elefanten ihre Rüssel ineinander und legen sich gegenseitig Gegenstände ins Maul. [→60, 142, 238, 503]

(335)

42 Prozent der französischen Fussgänger:innen überqueren eine Strasse auch bei Rot – in Japan sind es bloss 2 Prozent.

(336)

Das Wort «Schmetterling» hat nichts mit «schmettern» zu tun – es geht vielmehr auf das tschechische *smetana* (Rahm) zurück. Dahinter steckt der einst verbreitete Aberglaube, als Schmetterlinge getarnte Hexen würden Milch, Butter und Rahm stehlen. So erklären sich auch das englische Wort *Butterfly* oder deutsche Lokalbezeichnungen für den Schmetterling wie «Milchdieb» oder «Butterfliege».

(337)

Wegen des Klimawandels haben Murmeltiere die Siesta entdeckt. An heissen Tagen ziehen sie sich mittags in ihre kühlen Bauten zurück. [→852]

(338)

Ein zusätzliches, billiges Geschenk kann ein teures entwerten. Unbewusst zählen Beschenkte den Wert nämlich nicht zusammen, sondern berechnen den Durchschnitt. Darum machen Pralinés weniger Freude, wenn sie mit einer Packung Gummibärchen daherkommen.

[→33, 351, 827]

(339)

Je besser ein Smartphone in der Hand liegt, desto länger dauert es, bis wir es ersetzen. Das ideale Gerät ist ein bisschen mehr als doppelt so lang wie der Daumen.

(340)

Statt «unzurechnungsfähig» müsste man eigentlich «zurechnungsunfähig» sagen. Schliesslich, so der Berner Strafrechtler Hans Schultz, spreche man ja auch nicht von einem «unzuchtfähigen» Stier.

(341)

Menschen, die zu einem Paar werden, sind meist ungefähr gleich attraktiv. Ausnahme: Wenn sich die beiden schon lange kennen, bevor sie zusammenfinden, sind grössere Attraktivitätsunterschiede möglich. Wer aussehensmässig nach oben heiraten will, sollte sich also in seinem Bekanntenkreis umschauen.

[→257, 560, 840]

(342)

Quallen schwimmen extrem energiesparend – nur 1 Prozent ihres Körpergewichts sind Muskeln. In der Tiefsee gibt es sogar Tiere, die zu 99,9 Prozent aus Wasser bestehen.

[→321, 702]

(343)

In der Zwischenkriegszeit gab es in der Tschechoslowakei 2 sprachgetrennte sozialdemokratische Parteien. Der Führer der tschechischen Partei hiess Antonín *Němec* («der Deutsche»), der Führer der deutschen Partei war Ludwig *Czech* («der Tscheche»).

(344)

Je teurer die Hochzeitsfeier, desto kürzer die Ehe – zumindest in den USA. Hochzeiten für weniger als 1000 Dollar sind mit besonders tiefen Scheidungsraten verbunden.

(345)

Bei kleinen Kindern wachsen abgetrennte Fingerkuppen narbenfrei nach, wenn man die Wunde nicht vernäht. Packt man den Fingerstumpf in eine Spezialfolie, so kann die Regeneration mit etwas Geduld auch bei Erwachsenen gelingen.

[→421, 734]

(346)

Wer mit leerem Magen einen Laden betritt, kauft mehr. Mehr Lebensmittel, aber auch mehr andere Waren, etwa Büroklammern. [→555]

(347)

Krokodile können galoppieren.

[→438, 532, 565, 700]

(348)

Feldgrillen, 2 bis 3 Zentimeter lang, bauen Wohnröhren, die bis 40 Zentimeter in die Erde hineinreichen. Diese Röhren, vor denen die Männchen zirpen, verstärken den Schall derart, dass er bis zu 100 Meter weit zu hören ist. Bei Gefahr flüchten die Tiere in die Höhle. Wenn sich Kühe nähern, singen die Grillen allerdings meist einfach weiter – offenbar haben sie sich an diese gewöhnt.

(349)

Bei eineiigen Zwillingen gibt's manchmal unheimliche Parallelen im Lebenslauf. Die Amerikaner Jim Lewis und Jim Springer, auch «Jim Twins» genannt, wuchsen getrennt bei Adoptivfamilien auf, hatten keinerlei Kontakt und trafen sich als 39-Jährige zum ersten Mal. Beide hatten eine Polizeiausbildung gemacht, frönten dem Schreinern und bekamen zur selben Tageszeit Kopfweh. Ausserdem hatten beide eine Linda und, nach der Scheidung, eine Betty geheiratet. Selbst ihre Söhne und Hunde hiessen gleich. [→498]

(350)

Buchen dienen etwa 2500 Pilzarten als Lebensgrundlage – als Nahrung oder als Partner zum Austausch lebenswichtiger Stoffe. [→428]

(351)

Kreativität beim Schenken kann man sich sparen. Erwachsene wie Kinder freuen sich mehr über etwas, was sie sich gewünscht haben, als über ein Überraschungsgeschenk. Noch beliebter als ein Wunschgeschenk ist nur Bargeld. [→33, 338, 827]

(352)

Das japanische Wort *Betsubara* bedeutet so viel wie «Zusatzmagen». Besonders Kinder verwenden es – um zu erklären, warum sie jetzt doch noch Platz für ein Dessert haben.

(353)

Rentiere lieben Fliegenpilze. So sehr, dass sie diese sogar unter dem Schnee ausgraben. Grund: die berauschende Wirkung. Die sichtbaren Folgen des Pilzgenusses reichen von unsicherem Gang bis zu andauerndem Kopfschütteln. Kein Wunder, dass manche sibirischen Völker Rentierurin als natürliche Droge konsumieren.

[→226, 313, 919]

(354)

Wer Bier trinkt statt Wasser, ist für Malariamücken deutlich attraktiver.

[→88, 173, 283, 519, 543, 761]

(355)

Wer in einer Vorlesung Notizen von Hand macht, versteht und behält mehr. Denn dabei muss man verknappen und verallgemeinern – das verlangt Köpfchen. Beim Tippen auf dem Laptop schreiben wir oft wörtlich mit und schalten dabei das Gehirn aus.

(356)
In der Schweiz heisst es «das Joghurt», in Deutschland meist «der Joghurt», in Österreich mancherorts (vor allem in Wien) «die Joghurt».
[→127, 500, 682]

(357)
8 Prozent der 14- bis 34-Jährigen in der Schweiz ernähren sich vegetarisch. Bei den über 50-Jährigen sind es 2 Prozent. [→120, 936]

(358)
Schon mal betrunken jemanden attraktiver gefunden als nüchtern? Forschende haben herausgefunden, warum dem so ist: Der Alkohol reduziert unsere Fähigkeit, die Asymmetrie eines Gesichts zu erkennen. Weil uns symmetrische Gesichter besonders anziehen, steigt mit zunehmendem Alkoholpegel die Wahrscheinlichkeit, dass uns jemand attraktiv erscheint. Frauen sind für solche Fehleinschätzungen übrigens anfälliger als Männer. [→203, 259, 877]

(359)
Kakerlaken sind extrem widerstandsfähig. Auch ertränken lassen sie sich kaum: Sie können problemlos eine halbe Stunde die Luft anhalten. [→870]

(360)

Schafe sind überhaupt nicht dumm: Sie können zum Beispiel sehr gut menschliche Gesichter unterscheiden und Menschen wiedererkennen, auch wenn sie sie 2 Jahre nicht gesehen haben. Ausserdem können sie Pflanzen korrekt botanischen Familien zuordnen. In einem Dorf im Norden Englands haben Schafe sogar gelernt, Weideroste am Boden zu überqueren: Sie legen sich auf den Boden, rollen sich seitlich über das Gitter und stürmen dann die Gärten auf der anderen Seite.

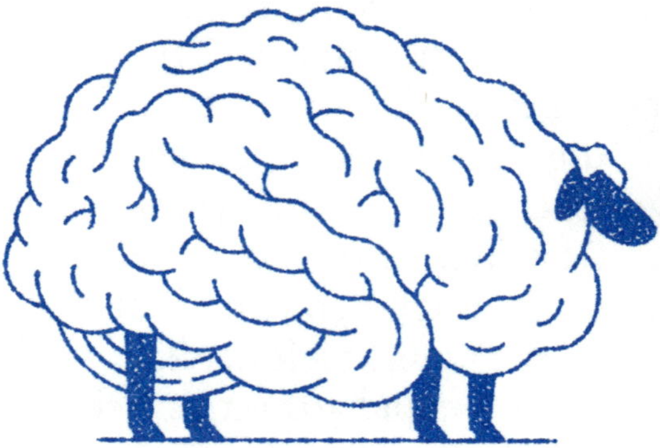

(361)

Weibliche Kohlmeisen können die Eigenschaften ihres Nachwuchses beeinflussen: Wenn die Gefahr durch Raubvögel gross ist, bekommen sie automatisch Küken mit längeren Flügeln. [→74, 383, 726]

(362)

Auf der ganzen Welt mögen Menschen dieselben Gerüche. Der beliebteste Duft ist Vanille.

[→497]

(363)

Zwischen dem Gähnen, dem Niesen und dem Orgasmus gibt es verblüffende Parallelen. Alle 3 erzeugen beim Menschen den gleichen Gesichtsausdruck. Auf alle 3 erfolgt ein Gefühl der Erleichterung. Und alle 3 hinterlassen uns unbefriedigt, wenn wir dabei unterbrochen werden. [→32, 142, 219, 309, 374, 482, 964]

(364)

Obwohl ein PS ursprünglich als eine «Pferdestärke» definiert ist, bringt es ein heutiges Pferd meist nur auf etwa 0,7 PS.

(365)

Turmfalken erkennen anhand der UV-Strahlen von Urin, welche Mäuselöcher aktuell bewohnt sind. Fies: Manche Wühlmäuse pinkeln absichtlich vor die Türe ihrer Nachbarn, um unliebsame Konkurrenz loszuwerden. [→274]

(366)

Pro Mensch gibt es auf der Erde beinahe 400 Bäume.

(367)

Das Wort «Faxen» (mach keine Faxen!) geht auf das Verb «ficken» zurück. Dieses bedeutete ursprünglich so viel wie reiben oder hin- und herbewegen.

(368)

Stubenfliegen sind keineswegs harmlos: Sie können etwa 30 Krankheiten übertragen, darunter Ruhr, Cholera und Typhus. [→443, 614, 831, 852]

(369)

19 Prozent der Amerikaner:innen glauben, sie gehörten zu jenem 1 Prozent der Bevölkerung, das am meisten verdient. Weitere 20 Prozent glauben, sie würden eines Tages dazugehören.

(370)

Der wissenschaftliche Name der gemeinen Stinkmorchel lautet *Phallus impudicus* – wörtlich übersetzt: «Unzüchtiger Penis».

(371)

In den USA geht ein hoher Scrabble-Wert des Vornamens tendenziell mit einem tiefen sozioökonomischen Status einher. Der Scrabble-Wert ist die Summe der Buchstabenwerte eines Wortes im Brettspiel Scrabble.

(372)

9 von 10 Menschen, die in eine Lawine geraten, haben diese selber ausgelöst.

(373)

Während der ungefähr 3 Wochen langen Nestlingszeit müssen Schwalben ihrem Nachwuchs rund 1 Kilo Insekten verfüttern. Nochmals 1 Kilo brauchen sie für sich selber. Um eine Brut aufzuziehen, muss ein Schwalbenpaar insgesamt gegen 300 000 Insekten fangen.

(374)

Schwämme können niesen.

[→32, 142, 309, 363]

(375)

Bungeejumping, Seilspringen, Mountainbiken: Rüttelnde Bewegungen können helfen, einen Nierenstein auszuscheiden. Am effektivsten ist eine Fahrt mit der Achterbahn. Ganz hinten einsteigen, dort sind die Erfolgschancen am grössten! [→527]

(376)

Wir können uns nicht selber kitzeln. Das gilt selbst dann, wenn wir versuchen, einen Roboter via Fernbedienung unsere Füssen kitzeln zu lassen. [→691]

(377)

Mütter können ihre eigenen Kinder zuverlässig am Geruch erkennen. Nur während der Pubertät werden sie vorübergehend unsicher. Was damit zu tun haben könnte, dass sich der Nachwuchs in dieser Zeit abnabelt.

(378)

Ein unaufgeräumtes Pult macht erfinderisch. Menschen in einer unordentlichen Umgebung sind eher bereit, Regeln zu brechen, und das ist gut für die Kreativität. Es führt aber auch dazu, dass wir uns weniger an soziale Konventionen halten. [→921]

(379)

Je mehr Fragen man stellt, desto erfolgreicher ist man im Speeddating. Besonders attraktiv wirkt, wer konkrete Nachfragen stellt zu Dingen, die das Gegenüber erzählt.

[→545, 585, 669, 808]

(380)

Ohne Mond wären die Tage auf der Erde nur 8 Stunden lang. Denn durch seine Anziehungskraft erzeugt der Mond Flut und Ebbe. Die Reibung der Wasserberge, unter denen sich die Erde hinwegdreht, bremst die Rotationsgeschwindigkeit.

(381)

Wenn man die richtigen Buchstaben streicht, steckt im Distelfink ein Delfin, im Taschengeld ein Engel, im Superman Sperma und im Tagebuch ein Tabu. [→291, 472, 692]

(382)

Auf der menschlichen Ferse leben etwa 80 Pilzarten.

(383)

In den 1920er-Jahren haben Blaumeisen im englischen Southampton gelernt, wie man vor Haustüren deponierte Milchflaschen öffnet. Die Meisen bevorzugten dabei die Vollfettmilch mit dem Silberdeckel – die Magermilch mit dem blauen Deckel liessen sie meist stehen.

[→74, 361, 726]

(384)

Ein rares, unerwartetes Ereignis wird heute gern «schwarzer Schwan» genannt, nach dem englischen *black swan*. Der klassische deutsche Ausdruck dafür ist «weisser Rabe».

(385)

Mit 105 Jahren erreicht die Sterbewahrscheinlichkeit ein Plateau: Eine 110-Jährige hat dasselbe Risiko, im nächsten Jahr zu sterben, wie eine 105-Jährige.

(386)

3 Wörter in der Sprache Yoruba (Nigeria):

labalaba – Schmetterling
yimiyimi – Mistkäfer
tolotolo – Truthahn

(387)

Schichtarbeit ist ungesund. Wer 10 Jahre Schicht arbeitet, dessen Gehirn altert nicht bloss um 10, sondern um gut 16 Jahre – gemessen an Gedächtnis und Denktempo.

(388)

Die Hälfte der über 80-Jährigen in der Schweiz beansprucht 3 oder mehr Zimmer für sich allein.

(389)

Heidelbeeren fördern im Alter die Balance, das Erkennungsvermögen und das räumliche Gedächtnis – jedenfalls bei Ratten.

(390)

Katzen sind etwa so schwer wie Menschenbabys, und sie miauen auf der gleichen Tonhöhe, wie Kinder weinen. Auch im Schnurren sind Babysignale enthalten. Vor allem bei Frauen kann dies den Drang auslösen, sich um sie zu kümmern.

(391)

Reiche und schöne Menschen neigen dazu, die Welt für gerecht zu halten.

(392)

Bei Transplantationen werden manchmal auch Allergien übertragen. Das Phänomen ist vor allem bei Knochenmark- und Lebertransplantationen bekannt, kann aber auch andere Organe betreffen. Eine zuvor allergiefreie Frau starb beinahe an einem anaphylaktischen Schock, als sie nach der Einpflanzung einer neuen Lunge ein Erdnussbuttergebäck ass. Schon der Spender der Lunge war bei einem akuten Anfall von Erdnussallergie gestorben.

[→148]

(393)

Der Strauss hat schwache Flügel, aber umso stärkere Beine. Mit seinen Tritten kann er in seltenen Fällen auch Menschen oder Löwen töten. [→658, 705]

(394)

Der typische Hallenbadgeruch kommt durch teilweise giftige Gase zustande, die bei der Zersetzung von Urin durch Chlor entstehen. Würde niemand ins Wasser pinkeln, gäbe es diesen Geruch nicht.

(395)

Ein Adler kann eine Maus aus einem halben Kilometer Entfernung erspähen. Wanderfalken sehen Tauben auf eine Distanz von 1,6 Kilometern.

(396)

Nicht alle Gläubigen haben Mühe mit der Evolutionstheorie. In den USA glauben mehr als die Hälfte der Hindus, Buddhist:innen, Jüdinnen und Juden, Gott habe in der menschlichen Evolution keine Rolle gespielt. Bei den Christ:innen sind es nur 15, bei den Muslim:innen 19 Prozent.

(397)

Alkohol kann man nicht über die Haut aufnehmen. 3 dänische Ärzte hielten ihre Füsse probehalber 3 Stunden lang in einen mit Wodka gefüllten Wäschezuber – und spürten nicht den geringsten Effekt.

(398)

Englische Benediktinermönche nahmen im Mittelalter im Schnitt mehr als 6000 Kilokalorien täglich zu sich – ziemlich viel davon in Form von Alkohol: Die Tagesration betrug 4½ Liter Bier pro Kopf.
An Feiertagen, von denen es viel mehr gab als heute, kam jeweils noch 1 Liter Wein hinzu. Selbst an Fastentagen konsumierten die Mönche jeweils fast 5000 Kilokalorien.

(399)

Shoppen ist gesund. Ältere Menschen, die täglich einkaufen gehen, haben ein deutlich geringeres Sterberisiko als solche, die kaum je einen Laden betreten. Bei den Frauen reduziert sich die Sterberate um 23, bei Männern sogar um 28 Prozent.

(400)

Auch unter Fischen gibt es Nichtschwimmer: Die einheimische Groppe bewegt sich vorzugsweise hüpfend auf dem See- oder Flussboden fort. [→438]

(401)

Schutzengel sind populär:
Dass sie existieren, glaubt laut Umfragen beispielsweise mehr als die Hälfte aller Deutschen. In den USA sind es mehr als zwei Drittel.

(402)

Wenn man sich die Nase zuhält, kann man nicht summen.

(403)

Der Brite Albert Smith nahm auf seine Mont-Blanc-Besteigung (1851) unter anderem 60 Flaschen Tafelwein, 6 Flaschen Bordeaux und 2 Flaschen Champagner mit.
Für seine Vorräte engagierte er 20 Träger. Leergetrunkene Flaschen liessen die lustigen Bergmänner den Gletscher hinuntersausen und ergötzten sich daran.

(404)

Wasserkäufer werden an der Kasse fast doppelt so oft vorgelassen wie Bierkäufer.

(405)

Küssen ist womöglich ein Überbleibsel des Lausens. Lausende Affen saugen die herausgeklaubten Parasiten zuletzt mit geschürzten Lippen vom Fell. Beim Menschen gibt es zwar keine Fellpflege mehr, aber das Küssen könnte aus diesem Akt hervorgegangen sein.

(406)

Ein Drittel aller Imker:innen reagiert allergisch auf Bienenstiche. In der restlichen Bevölkerung sind es weniger als 5 Prozent.

(407)

Ötzi hatte 61 Tätowierungen.
Es handelt sich um Striche und Kreuze,
mit einer Knochennadel in
die Haut geritzt und mit Russ gefüllt.
Sie befinden sich ziemlich genau
an bekannten Akupunkturstellen –
womöglich hat er damit
seine Gelenkschmerzen bekämpft.

[→188, 541, 962]

(408)

12 doppeldeutige Sätze:

«Ich habe genug von allem.»
«Mit ihrem Tierversand vertrieb sie Ameisen.»
«Die Party wurde ausgelassen.»
«Ihr Mann ist ausgezogen.»
«Die Bevölkerung wurde von den Russen befreit.»
«Ich werde nie mehr Geld haben.»
«Sie haben ihren Liebesschwur aufgehoben.»
«Die Glaziologin vermisst ihren Gletscher.»
«Er hat den Kompost abgedeckt.»
«Das Management kassierte den Bonus.»
«Sie haben eine Rakete abgeschossen.»
«Nichts im Leben ist umsonst.»

(409)

Frauen werden bei einem Herzstillstand seltener wiederbelebt als Männer. Sogar in Übungssituationen mit einem künstlichen Torso getrauen sich vor allem männliche Helfer kaum, Notfallpatientinnen ordentlich freizumachen. Das Wegschieben der Kleider wäre für das Gelingen einer Herzmassage wichtig. [→723, 864]

(410)

55 Prozent der deutschen Väter geben an, die Hälfte der Kinderbetreuung übernehmen zu wollen. Immerhin 25 Prozent setzen das auch tatsächlich um. Sagen die Väter. Hingegen finden nur 10 Prozent der Mütter, ihr Partner übernehme tatsächlich die Hälfte der Betreuung.

[→132, 571]

(411)

Wer anderen beim Sport zuschaut, trainiert automatisch ein wenig mit. Auch wenn wir uns selber gar nicht bewegen, wird unsere Atmung schneller, Blutdruck und Puls gehen hoch und wir beginnen sogar ein wenig zu schwitzen.

(412)

Ausgehend von einer einzigen verseuchten Türklinke kann sich ein Virus rasch über ein ganzes Gebäude ausbreiten. Bei Experimenten in einem Bürohaus und in einem Pflegeheim waren schon nach 3 Stunden die Hälfte aller Kaffeekannen, Lichtschalter und Angestellten kontaminiert.

(413)

Mit über 1200 Brunnen ist Zürich die brunnenreichste Stadt der Welt.

(414)

Anteil der Frauen, bei denen
die linke Brust ein wenig grösser ist
als die rechte: zwei Drittel.
Anteil der Männer, bei denen der linke
Hoden ein wenig tiefer hängt
als der rechte: ebenfalls zwei Drittel.
Trotzdem ist der rechte Hoden
bei den meisten Männern schwerer
als der linke.

(415)

Jeweils 9 Monate nach Hitzewellen
sinken die Geburtenraten.

(416)

Milch müder Kühe macht müde.
Nachts gemolkene Milch enthält grosse
Mengen Schlafhormone und wirkt
darum beruhigend bis einschläfernd.

(417)

In Grossbritannien arbeiten
mehr ghanesische Ärzt:innen
als in Ghana.

(418)

Die Lieblingsfarbe der meisten Leute
ist Blau – Farbenblinde hingegen
bevorzugen Gelb. (Die allermeisten als
«farbenblind» bezeichneten Menschen
können Farben durchaus sehen,
haben aber oft Mühe, Rot und Grün
auseinanderzuhalten.)

[→606]

(419)

Mit ein wenig Koffein intus finden Ameisen ihr Futter schneller. Auch Hummeln sind unter Koffein effizienter und lernfähiger.

(420)

Einige doppeldeutige Abkürzungen:

SBB
«Schweizerische Bundesbahnen» oder «Sächsischer Bergsteigerbund»
SI
«Schweizer Illustrierte» oder «Sozialistische Internationale»
EAV
«Eidgenössische Alkoholverwaltung» oder «Erste Allgemeine Verunsicherung»
FKK
Freikörperkultur oder Finanzkontrollkommission
STB
«Schwäbischer Turnerbund» oder *Státní bezpečnost* (tschechische Stasi)
HIV
Humanes Immundefizienz-Virus oder «Handels- und Industrieverein des Kantons Bern»
GSOA
«Gruppe für eine Schweiz ohne Armee» oder «Gas Station Owners Association» (Jordanien)

[→959]

(421)

Unsere Ohren werden im Verlauf des Lebens ständig ein bisschen grösser. Männerohren wachsen dabei stärker als Frauenohren. Auch die Nase hört normalerweise nie zu wachsen auf.

[→345, 734]

(422)

Wer in der Schule in der ersten Reihe sitzt, bekommt bessere Noten. Das hat nichts damit zu tun, dass sich die guten Schüler:innen automatisch nach vorne setzen. Der Effekt spielt auch bei Kindern, die man zwingt, vorne zu sitzen.

(423)

Die Deckel von Bierflaschen haben stets 21 Zacken.

(424)

Eichhörnchen sind keine Vegetarier. Sie fressen die Eier und Küken vieler Vogelarten, insbesondere von Amseln.

(425)

Vögel und Spinnen vertilgen jeweils etwa gleich viel Fleisch wie die Menschheit: eine halbe Milliarde Tonnen pro Jahr. Bei ihnen kommt das Fleisch vor allem von Insekten.

(426)

Ärztekrawatten sind oft voller Bakterien. Drei Viertel aller Ärzte haben ihre Krawatte noch nie gewaschen.

[→8, 807]

(427)

Das Wort «Avocado» geht auf das aztekische *ahuacatl* zurück, was «Hoden» bedeutet. Der Ausdruck «Vanille» stammt aus dem Spanischen und Lateinischen und heisst so viel wie «kleine Vagina».

(428)

Die Vogelbeere trägt ihren Namen zu Recht: 63 Vogelarten nutzen sie als Nahrungsquelle. [→350, 450]

(429)

Offenbar setzt Arbeit dem Menschen doch mehr zu als Arbeitslosigkeit: Wenn in einem Land die Arbeitslosigkeit um 1 Prozent sinkt, so steigt die Gesamtzahl der Todesfälle um fast ein halbes Prozent.

(430)

Wer sich im Sand vergraben lässt,
hat ein um 24 Prozent erhöhtes Risiko,
an Durchfall zu erkranken.

[→635, 907]

(431)

Mozart senkt den Blutdruck,
ABBA nicht.

(432)

Mehr als die Hälfte aller Ehen
weltweit sind arrangiert.

(433)

An Wochenenden ist es kälter
und regnerischer als unter der Woche.
Der Effekt, wenn auch sehr klein,
ist deutlich messbar, besonders
in urbanen Räumen. Vermutlich hängt
er mit den Abgasen zusammen,
die sich im Verlauf der Woche
akkumulieren. Partikel in der Luft sind
Keime für die Wolkenbildung.

(434)

Der Wellensittich trägt im Englischen den seltsamen Namen *budgerigar.* Dieses Wort bekamen die Briten zu hören, als sie im 19. Jahrhundert die australischen Ureinwohner:innen nach den kleinen Papageienvögeln fragten, die in grosser Zahl herumflatterten. Was sie nicht verstanden: In der Sprache der Einheimischen bedeutet dieser Ausdruck «gutes Essen».

(435)

Daumenlutschen senkt das Allergierisiko.

(436)

In Deutschland gilt Altbrot offiziell als Brennstoff. Nicht wenige Bäckereien befeuern damit ihre Öfen – was immer noch besser ist, als es wegzuwerfen. Das Problem liegt letztlich im Anspruch der Kundschaft, bis Ladenschluss eine grosse Auswahl Frischbrot angeboten zu bekommen. Auch in der Schweiz produzieren darum Bäckereien 10 bis 20 Prozent mehr Brot, als sie verkaufen können.

[→617]

(437)

Zwei Drittel der Produkte, die im Supermarkt am Ende im Einkaufswagen liegen, sind Spontankäufe.

(438)

Nilpferde können nicht schwimmen. Vielmehr galoppieren sie durch das Wasser – der Name passt also.

[→347, 400]

(439)

26 Prozent der italienischen Jugendlichen verhüten mit der Methode des *Coitus interruptus.*

(440)

Wenn ein Bombardierkäfer von einer Kröte verschluckt wird, versprüht er einen siedend heissen Giftcocktail. Nach einer Dreiviertelstunde muss die Kröte erbrechen, und der Käfer ist frei. Wie er so lange im Magensaft überleben kann, ist ungeklärt.

[→455, 643, 828]

(441)

Einige rätoromanische Ortsnamen:

Andermatt – *Ursera*
Davos – *Tavau*
Einsiedeln – *Nossadunnaun*
Elm – *Dialma*
Feldkirch – *Son Pieder*
Göschenen – *Caschanutta*
München – *Minca*
Sankt Gallen – *Son Gagl*
Zürich – *Turitg*

[→137, 623, 813]

(442)

Das indische Bevölkerungswachstum beträgt bloss noch 1 Prozent pro Jahr – zuletzt war es sogar tiefer als in der Schweiz.

(443)

Auch Fliegen können Herzklopfen bekommen, wenn sie Angst haben.

[→368, 614, 831, 852]

(444)

Einige Titel, mit denen sich der rumänische Diktator Ceaușescu anreden liess:
Genie der Karpaten, Sohn der Sonne, Titan der Titanen, glorreiche Eiche aus Scornicești, süssester Kuss der Heimaterde, Honig der Welt, Quelle lebendigen Wassers, breitblättriger Nussbaum, in dessen Schutz ein unschuldiges Maiglöckchen blüht; Erbauer von allem, was gut und gerecht ist;
der Schöpfer einer Epoche von nie geahnter Erneuerung;
unser irdischer Gott.

(445)

Bis die Altersbeschwerden richtig beeinträchtigend werden, steigt die Lebenszufriedenheit von erwachsenen Menschen kontinuierlich an. Am glücklichsten ist der Mensch mit 70.

(446)

Statt «zwei Fliegen auf einen Streich schlagen» sagt man in Italien: «zwei Tauben mit einer Bohne fangen» *(prendere due piccioni con una fava)*.

[→452]

(447)

Der Name Judith tönt frivol in vietnamesischen Ohren: «Ju» klingt wie das vietnamesische Wort für Busen und «dit» bedeutet Hintern.

(448)

Im Kanton Luzern leben gleich viele Schweine wie Menschen.

(449)

Die Stinkefingergeste bedeutet in der japanischen Gebärdensprache «grosser Bruder». [→36, 267]

(450)

Seidenschwänze fressen gern fermentierte Vogelbeeren – und können dann oft nicht mehr geradeaus fliegen. In Kanada sperrt man betrunkene Vögel in eine Art Ausnüchterungszelle: einen modifizierten Hamsterkäfig. Nach 2 Stunden sind sie wieder flugtüchtig. [→220, 428]

(451)

Nomen est Omen:
Kathrin Burger ist Autorin des Büchleins «Die Vollkornlüge und andere Ernährungsmärchen». Von Richard Fasten stammt das Werk «Das letzte Gericht. Was berühmte Menschen zum Schluss verspeist haben». [→172, 619, 810]

(452)

Andere Länder, andere Bilder:
Während wir «in der Tinte» sitzen, stecken die Italiener «in einem Wacholderbusch» *(cacciarsi in un ginepraio)*, die Franzosen sind «im Kohl» *(être dans les choux)*, die Spanier setzen sich «in ein Auberginenfeld» *(meterse en un berenjenal)*, die Schweden sitzen «im Klebstoff» *(sitta i klistret)*, die Briten «auf einem Gummibaum» *(to be up a gum tree)* und die Holländer «mit dem Arsch in den Brennnesseln» *(met zijn gat in de brandnetels zitten)*.
[→470]

(453)

Spitalpatient:innen mit Aussicht ins Grüne brauchen weniger Schmerzmittel. [→551]

(454)

Rund 20 Prozent aller römischen Kaiser wurden ermordet.

(455)

Å svelge noen kameler:
Wer in Norwegen etwas Unangenehmes hinnehmen muss, schluckt keine Kröten, sondern Kamele.

[→440, 643, 828]

(456)

Kinder übernehmen rasch die Vorurteile ihrer Eltern. 1-Jährige stehen noch auf füllige Menschen, während 2½-Jährige schon schlanke bevorzugen – und zwar umso mehr, je negativer die Einstellung der Mutter gegen Dicke ist.

(457)

Einige Wörter, in denen die 5 Vokale «A-E-I-O-U» je 1 Mal und in der richtigen Reihenfolge vorkommen:

Aggressionsschwund
Apennintour
Arbeitsordnung
Harlekinpostur
Kalksteinbohrung
Krankheitsforschung
Magermilchjoghurt
Parteiwohnung

[→213, 649, 710, 739]

(458)

Das Volk der Tscherkessen, das im 19. Jahrhundert aus der Gegend von Sotschi vertrieben wurde, besteht aus 12 Stämmen. Sie heissen Abadzechen, Beslenejer, Bjjedughen, Hatkuajer, Kabardiner, Makhoscher, Mamkeyher, Natkhuajer, Schapsugen, Temirgojer, Ubychen und Yecerikhuajer.

(459)

Fischotterbabys sind wasserscheu.

(460)

Mit Öl und Gas werden weltweit jeden Tag rund 3 Milliarden Dollar Gewinn gemacht – und das seit 50 Jahren.

(461)

Für «auf dem Schlauch stehen» sagt man auf Französisch *pédaler dans la choucroute* – im Sauerkraut radeln.

(462)

Geht es um Krebs, Aids, Diabetes oder Hirntumor, schätzen die meisten Leute ihr eigenes Erkrankungsrisiko viel tiefer ein als dasjenige ihrer Mitmenschen. Interessanterweise verschwindet dieser übertriebene Optimismus für eine Weile, wenn man das linke Ohr mit kaltem Wasser spült.

(463)

Heute gibt die Mehrheit der Menschen an, oft farbig zu träumen – vor der Erfindung des Farbfernsehens waren es erst 10 Prozent.

(464)

Topfpflanzen wirken stresslindernd. Wer kein Grün im Büro hat, ist weniger zufrieden mit seinem Job.

[→106]

(465)

Schatz im Müll: Die Kehrichtverwertung Zürcher Oberland holt jedes Jahr 60 Kilo Gold, 1500 Kilo Silber und 800 000 Kilo Kupfer aus der Schlacke, die nach der Abfallverbrennung übrig bleibt.

(466)

Für den indischen Markt statten europäische Hersteller ihre Autos mit kräftigeren und robusteren Hupen aus. Eine gewöhnliche europäische Hupe würde im indischen Stadtverkehr keine 2 Wochen überleben.

(467)

Alte Spinnen machen schiefe Netze.

(468)

91 bis 99 Prozent der Frauen in westlichen Ländern entfernen regelmässig ihr Körperhaar. Noch vor 100 Jahren waren Enthaarungspraktiken kaum bekannt.

(469)

Der Mensch ist das einzige Tier, das den Speerwurf beherrscht. Zwar können auch andere Affen Gegenstände schleudern, aber bloss der Mensch hebt dazu die Hand über seine Schulter – das macht den Wurf bedeutend kräftiger und präziser. Nur dank dieser Technik konnten unsere Urahnen zu erfolgreichen Jäger:innen werden.

(470)

Da scheint eine Kulturgrenze durch
Europa zu verlaufen:
In Deutschland, England, Italien, Polen,
Russland, Schweden und Tschechien
sagt man «Gänsehaut».
In der Deutschschweiz, in den Nieder-
landen, in Finnland, Frankreich,
Luxemburg, Portugal und Spanien sagt
man «Hühnerhaut» (teilweise auch
«Hühnerfleisch»).
In Japan hingegen heisst es «Vogelhaut».
[→509]

(471)

«Glück auf!»
lautet der Bergmannsgruss.
Weniger bekannt:
Fallschirmspringer grüssen sich
mit «Glück ab!».

(472)

Die Ameise enthält eine Meise –
das weiss jedes Kind.
Wussten Sie aber auch, dass in der
Finsternis ein Stern steckt,
im Ehering ein Hering,
in der Bibliothekarin eine Karin,
in der Trüffel ein Rüffel,
in der Mosterei ein Osterei,
in Italien ein Alien und im Kaufrausch
eine Frau? [→381]

(473)

57 Prozent der Medikamente in den Schaufenstern von Schweizer Apotheken haben keine medizinisch erwiesene Wirksamkeit.

(474)

Nicht nur Säugetiere und Vögel betreiben Brutpflege: Aaskäfer der Gattung *Nicrophorus* (Totengräber), die sich wegen ihrer Vorliebe für Kadaver sonst nicht gerade zum *Jöö-Tierli* eignen, kümmern sich rührend um ihren Nachwuchs. Die Mutter verteidigt ihre Kleinen gegen Feinde, hält die Bruthöhle instand und füttert die bettelnden Junglarven mit vorverdauter Nahrung, die sie tropfenweise hervorwürgt. Bei manchen Arten beteiligt sich auch der Vater an der Brutpflege. Im Reich der Käfer ist dieses Verhalten einmalig. [→614]

(475)

Polygamie ist für Männer gefährlich: Eine Studie aus Saudi-Arabien und den Vereinigten Arabischen Emirate hat gezeigt, dass das Herzinfarktrisiko mit der Anzahl der Ehefrauen steigt. Insgesamt haben polygame Männer ein 4 Mal so grosses Risiko für Herzkrankheiten wie monogame.

[→169]

(476)

Atheist:innen gelten als unmoralisch: Man traut ihnen viel eher einen Mord zu als Gläubigen. Diesem Vorurteil erliegen Menschen aus der ganzen Welt – und zwar unabhängig von ihrer Religion. Sogar Atheist:innen neigen dazu, ihresgleichen zu verdächtigen.

[→592]

(477)

Pilze können schwitzen.

(478)

Wer ernsthaft loben will, muss dick auftragen. «Gut gemacht» genügt nicht: Erst «sehr gut» wird als Lob empfunden. Umgekehrt wird ein «ok» als negativ wahrgenommen, ein «schlecht» schon als extrem negativ, und «sehr schlecht» sollte man ganz aus dem Vokabular streichen.

[→17, 776]

(479)

Hausstaub auf Möbeln und Regalen besteht zu etwa 80 Prozent aus menschlicher Haut. Ein Erwachsener stösst jede Minute ungefähr 50 000 Hautschuppen ab. Im Laufe seines Lebens verliert (und erneuert) ein Mensch gut 25 Kilo Haut.

(480)

Wenn sie herunterfallen, landen Blattläuse in 96 Prozent der Fälle auf den Beinen. Damit sind sie die besseren Luftakrobaten als Katzen.

(481)

Oschauschei (anschau-scheu): So nennt man in Bayern Menschen, die beim Grüssen den Blickkontakt vermeiden.

(482)

Spätestens im 6. Schwangerschaftsmonat können Babys im Mutterleib gähnen, und sie tun es sogar ziemlich häufig. Schon im 4. Monat kann ein männlicher Fötus eine Erektion haben.

[→76, 219, 363, 612, 964]

(483)

James Bond raucht seit 2002 nicht mehr.

(484)

Weltweit liegen die Sommerhöchsttemperaturen in Wäldern im Schnitt um 4 Grad tiefer als ausserhalb. Umgekehrt ist es nachts und im Winter im Wald wärmer als im Freien. Grund dafür sind Blätter und Äste, die eine Isolationsschicht bilden. Die mildernde Wirkung des Waldes wird mit fortschreitender Erderwärmung noch zunehmen.

(485)

Frauen mit offenem Haar wird mehr geholfen, jedenfalls von Männern. In einem Experiment liess eine weibliche Versuchsperson jeweils absichtlich einen Handschuh fallen, während sie vor einem Passanten ging. Trug sie ihr Haar offen, so eilten ihr fast alle Passanten zu Hilfe – mit einem Dutt oder Pferdeschwanz war der Enthusiasumus deutlich geringer. Auf die Hilfsbereitschaft von Passantinnen hatte die Frisur keinen Einfluss.

(486)

Ein Schweizer Auto erzeugt durchschnittlich 1,2 Kilo Reifenabrieb pro Jahr, der in Form von Kleinstteilen in Böden, Gewässer und Luft gelangt.

(487)

Die neue Monte-Rosa-Hütte des SAC bei Zermatt ist derart gut isoliert, dass es nach der Schliessung Ende September 2½ Monate dauert, bis die Temperatur im Innern auf 5 Grad abgesunken ist.

(488)

Botox mindert die Fähigkeit, die Gefühle anderer Menschen zu erkennen. Der Grund dafür ist, dass wir die Mimik unseres Gegenübers oft unwillkürlich nachahmen und uns erst dadurch so richtig in dieses hineinversetzen können – was mit Botox im Gesicht natürlich schwieriger wird.

(489)

In Tschechien widmen sich drei Viertel aller Haushalte dem Pilzeln. In guten Jahren werden mehr als 2 Kilo Pilze pro Kopf gesammelt – in der Schweiz sind es weniger als 100 Gramm.

(490)

Schmerzmittel helfen auch gegen Liebeskummer.

(491)

US-Präsidenten müssen das Essen aus der Küche des Weissen Hauses aus der eigenen Tasche bezahlen. Ausgenommen sind Staatsbankette.

(492)

Jäger:innen haben ihre eigene Sprache. Sie nennen die Ohren des Wildschweins «Teller», das Maul «Gebrech», die Nase «Wurf». Die unteren Eckzähne des Männchens heissen «Gewehre», die Zitzen des Weibchens «Gesäuge» und ihr Geschlechtsteil «Rauschknospe».

(493)

In der medizinischen Forschung preisen Männer ihre Ergebisse eher als «neu», «einzigartig» oder «noch nie dagewesen» an als Frauen. Der Gendergap ist umso grösser, je einflussreicher die Zeitschrift ist, in denen die Resultate publiziert werden. [→554]

(494)

Qual der grossen Auswahl: Wenn wir ein Praliné aus 24 verschiedenen Sorten aussuchen müssen, schmeckt es uns nachweislich schlechter, als wenn nur 6 Sorten angeboten werden.

(495)

Anders als kolportiert, sind Elektromotoren nicht brandgefährlich. Im Gegenteil: Herkömmliche Benzin- und Dieselfahrzeuge brennen 4 Mal häufiger als Elektroautos.

(496)

NESTLÉ verkauft jeden Tag 1 Milliarde Produkte weltweit.

[→4, 266, 296, 666]

(497)

Kuhfladen enthalten Vanillearoma. Japanische Wissenschaftler haben eine Methode entwickelt, mit der sich aus dem Kot Vanillin gewinnen lässt. Eine amerikanische Gelateria hat damit, nun ja, stinknormale Vanilleglace gemacht. [→139, 362]

(498)

Ungefähr jeder achte Mensch hatte als Embryo einen Zwilling, der es nicht bis zur Geburt schaffte.

[→349]

(499)

4 von 5 Menschen, die vom Blitz getroffen werden, sind Männer. Das liegt daran, dass Männer häufiger im Freien arbeiten als Frauen (etwa als Bauarbeiter) und die riskanteren Hobbys ausüben (etwa Bergsteigen).

[→30, 325, 740, 802, 819]

(500)

Die deutschsprachigen Länder haben unterschiedliche Buchstabieralphabete. Auffällig sind die Wörter mit Umlauten: In Deutschland heissen sie «Ärger, Ökonom, Übel». In Österreich «Ärmel, Österreich, Übung». In der Schweiz hingegen «Aesch, Oerlikon, Übermut».

[→127, 356, 682]

(501)

63 Prozent der Forschungsarbeiten zur Evolution von Säugetiergenitalien befassen sich ausschliesslich mit Penissen – nur 15 Prozent mit Vaginen.

(502)

Frauen erkranken doppelt so häufig an einer Depression wie Männer.

(503)

Der kleine Alpensalamander hat wahrscheinlich die längste Tragezeit aller Wirbeltiere überhaupt – sie kann bis zu 4 Jahre dauern. Zum Vergleich: Die längste Schwangerschaft bei Säugetieren, jene der Elefanten, geht nur knapp 2 Jahre.

[→60, 142, 238, 334]

(504)

Laut einer brasilianischen Studie haben füllige Frauen mehr Sex, jedenfalls im Alter zwischen 30 und 40 Jahren. Frauen mit mehr als 3 Mal Geschlechtsverkehr pro Woche hatten im Schnitt einen BMI von 33 – bei weniger als 1 Mal pro Woche lag der BMI bei 27.

(505)

Schnaps wärmt nicht: Der Alkohol weitet bloss die Adern, sodass mehr Blut zur Hautoberfläche fliesst. Das fühlt sich zwar warm an, aber in Wahrheit geht durch die Abstrahlung viel Wärme verloren.

[→197]

(506)

Männer mit tiefer Stimme gelten als vertrauenswürdiger. Ausser in Liebesdingen: Da vertrauen wir eher den Hochstimmigen. Zu Recht, denn Männer mit tiefer Stimme gehen häufiger fremd.

[→228, 256, 549, 685]

(507)

Durch eine Zimmerbesichtigung von 15 Minuten können Aussenstehende die Persönlichkeit einer ihnen völlig fremden Person genauso gut, ja teilweise sogar besser einschätzen als enge Freunde.

(508)

Ein ausgewachsender Panda defäktiert etwa 100 Mal am Tag.

(509)

Wenn es um Schimpfwörter geht, sind Sprachen kreativ. Für den Pedanten kennt das Deutsche die Wörter «Haarspalter» und «Erbsenzähler». In der Schweiz sagt man überdies *Tüpflischiisser,* in Österreich *i-Tüpferl-Reiter* und in Deutschland «Korinthenkacker». Im Englischen gibt es den «Nissensammler» *(nitpicker),* im Tschechischen den «Nissenstecher» *(hnidopich),* wobei Nissen die Eier von Kopfläusen sind. Andere Sprachen mögen's derber: In Holland sagen sie «Ameisenficker» *(mierenneuker),* in Dänemark und Frankreich «Fliegenficker» *(flueknepper, enculeur de mouches)* und in Finnland gar «Kommaficker» *(pilkunnussija).*

[→546]

(510)

Wer viele Albträume hat, hat dafür tagsüber weniger Angst.

(511)

Männer stecken Frauen viel öfter mit Geschlechtskrankheiten an als umgekehrt. Bei Gonorrhö (Tripper) beträgt die Wahrscheinlichkeit, dass ein infizierter Mann eine Frau ansteckt, 60 bis 90 Prozent – umgekehrt sind es nur 20 bis 30 Prozent. Der Grund liegt darin, dass Bakterien und Viren die Haut des Penis nicht so leicht durchdringen können wie die dünne und empfindliche Oberfläche der Vagina. Ausserdem bietet deren feuchtes Klima einen idealen Nährboden für Bakterien. [→908]

(512)

Schimpansen erkennen einander am Po.

(513)

Auf sämtlichen US-Banknoten finden sich Spuren von Kokain, auf 98 Prozent auch von Crystal Meth.

(514)

35 Prozent der Brit:innen küssen ihr Haustier öfter als ihre:n Partner:in.

(515)

Vögel, die beim Fliegen zwitschern, stossen öfter mit einem Hindernis zusammen. So wie Menschen, die am Steuer telefonieren.

(516)

Man kann den Klimawandel auch so verstehen: Die Energie auf der Erde nimmt wegen der menschlichen Treibhausgase laufend zu. Die kontinuierliche Energiezunahme entspricht der Leistung von etwa 500 000 Atomkraftwerken.

(517)

Viagra wirkt auch bei Blumen: Wenn man ihnen das Potenzmittel ins Wasser mischt, bleiben sie länger frisch. [→231]

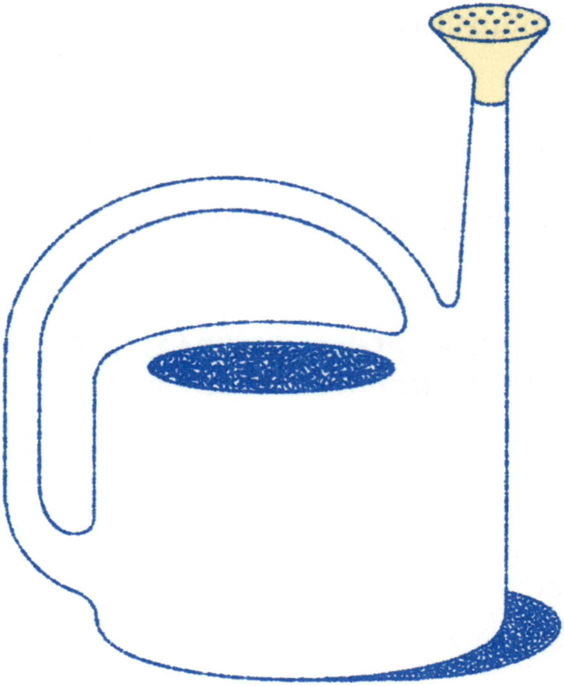

(518)

Zwei Drittel der Menschen sind Rechtsküsser:innen – das heisst, ihre Nase weicht beim Küssen nach rechts aus, um nicht mit der Partnernase zusammenzustossen.

[→529, 914]

(519)

Ein Fünftel der Menschen bekommen vier Fünftel aller Mückenstiche ab.

[→88, 173, 283, 354, 543, 761]

(520)

Die Lichtmenge, die die Erde nachts abstrahlt, verdoppelt sich alle 8 Jahre.

(521)

Warum lernen manche Menschen fast mühelos neue Partner:innen kennen, andere nicht? Schüchterne machen nur kleine Schritte auf ihr Gegenüber zu. Schon das kostet sie viel Überwindung und sie gehen davon aus, die andere Person nehme diese Anstrengung wahr. Dem ist aber nicht so: Das Gegenüber kann keine klaren Signale erkennen und reagiert nicht, was den Schüchternen den letzten Mut nimmt. Paradoxerweise tritt dieser Teufelskreis umso eher ein, je grösser das Interesse der ängstlichen Person ist.

(522)

Wenn Männer selber messen,
beträgt die Penislänge im Schnitt
16 Zentimeter.
Studien, in denen Forscher:innen
gemessen haben, kommen
auf 13 Zentimeter. [→538]

(523)

Selbst wenn ein Bild nichts
zur Beweisführung beiträgt, kann
es überzeugend wirken:
Menschen sind eher geneigt, einer
Aussage wie «Schildkröten sind taub»
zu glauben, wenn ihnen gleichzeitig
das Foto einer Schildkröte gezeigt wird.

(524)

Der spanische Molch *Pleurodeles waltl*
kann im Gefahrfall seine Rippen
um bis zu 65 Grad nach aussen drehen
und zu Stacheln umfunktionieren.
Er durchdolcht dabei bisweilen seine
eigene Haut, verkleinert aber
dafür das Risiko, verschluckt zu werden.

(525)

Seit der Teilung vor 70 Jahren haben
sich auf der Koreanischen Halbinsel
2 Dialekte herausgebildet. Mehr
als jedes dritte Wort der Alltagssprache
ist im Norden anders als im Süden.

(526)

Einsamkeit löst im Gehirn ähnliche Prozesse aus wie Nahrungsentzug. Nach 10 Stunden Alleinsein ist der Mensch genauso hungrig nach Gesellschaft, wie er nach 10 Stunden Fasten hungrig nach Essen ist.

(527)

Regelmässiger Sex verdoppelt die Wahrscheinlichkeit, dass ein Nierenstein innert weniger Wochen spontan abgeht.

[→375]

(528)

Mantarochen erkennen sich im Spiegel. [→115]

(529)

Der Mensch atmet die meiste Zeit nur durch eines seiner Nasenlöcher, während sich das andere von den Riechstrapazen erholt. Analog zu den Rechts- und Linkshänder:innen gibt es Rechts- und Linksnaser:innen, die eine bestimmte Seite bevorzugen.

[→518, 701, 914]

(530)

3 der 4 Firmen mit den weltweit grössten neuen Projekten zur Erdöl- und Erdgasförderung haben sich offiziell zu einem Nett-Null-Ziel verpflichtet.

(531)

Eine Übersichtsarbeit fand 1953
in der psychoanalytischen Literatur
102 Traumsymbole, die angeblich
für den Penis stehen,
95 für die Vagina, 55 für den Koitus
und 25 für Masturbation.

(532)

Krokodile spielen gerne.
Manche mögen es, sich Blumen
zwischen die Zähne zu stecken.
Bevorzugte Farbe: pink.
[→347, 565, 700]

(533)

«Hals- und Beinbruch!» ist
ein vergleichsweise harmloser Spruch:
Italienische Seeleute pflegen sich mit
in culo alla balena! (in den Arsch des Wals!)
zu grüssen. Die Standardantwort
darauf lautet *Speriamo che non caghi!*
(Hoffentlich scheisst er nicht!).

(534)

Weibliche Tränen dämpfen
die männliche Aggression.
Verantwortlich dafür ist ein bislang
unbekannter und nicht bewusst
wahrnehmbarer Botenstoff.

(535)

Die Nervenbahnen im menschlichen
Gehirn haben eine Gesamtlänge
von 180 000 Kilometern.

(536)

Einige Worterfindungen von Martin Luther:

Denkzettel
Feuereifer
friedfertig
Gewissensbisse
Herzenslust
Lästermaul
Lockvogel
Machtwort
Richtschnur
Schandfleck

(537)

In Norwegen leben 2000 Mal so viele Zuchtlachse wie Wildlachse.

(538)

Die meisten Menschen sind kleiner und schwerer, als sie angeben. Männer schummeln deutlich mehr als Frauen, auch beim Gewicht.

[→522]

(539)

Je intelligenter Teenager, desto später steigen sie ins Sexleben ein. Bei weiblichen Jugendlichen (13 bis 18 Jahre) erhöht jeder zusätzliche IQ-Punkt die Wahrscheinlichkeit, dass sie noch Jungfrau sind, um beinahe 2 Prozent – bei männlichen um fast 3 Prozent. [→141, 718, 913]

(540)

Der Pärchenegel trägt seinen Namen zu Recht: Findet sich ein Paar, so bleibt es sein Leben lang zusammen. Genauer gesagt zieht das Weibchen beim Männchen ein und wohnt fortan in dessen Bauchfalte. Die ungewöhnliche Lebensweise funktioniert gut: Fast eine Viertelmilliarde Menschen weltweit sind von diesem gefährlichen Parasiten befallen.

(541)

Ötzi hatte eine Glatze.

[→323, 407, 962]

(542)

Alkohol macht erfinderisch. Menschen mit 0,75 Promille intus schneiden in Kreativitätstests besser ab als Nüchterne.

[→310]

(543)

Moskitonetze sind ein bewährtes Mittel gegen Malaria. Doch die Mücken passen sich an: An Orten, wo sehr viele Häuser mit Netzen geschützt sind, haben sie ihre Hauptaktivitätszeit von 2 Uhr nachts auf 5 Uhr verschoben. Am frühen Morgen ist die Chance grösser, im Freien auf Leute zu treffen.

[→88, 173, 283, 354, 519, 761]

(544)
Bei Regen wird konservativer gewählt.

(545)

Zappeln lassen macht attraktiv:
In einer Studie der amerikanischen UNIVERSITY OF VIRGINIA beurteilten Studenten die FACEBOOK-Profile von Studentinnen.
Es gab 3 mögliche Wertungen:
a) Mag ich sehr.
b) Mag ich nicht besonders.
c) Keine Angabe.
Nachher mussten die Studentinnen ihrerseits die Attraktivität der Studenten beurteilen – im Wissen darum, wie diese sie bewertet hatten.
Resultat:
Die ihnen zugeneigten Studenten landeten nur auf dem 2. Platz. Obenaus schwangen eindeutig jene Studenten, die keine Angabe gemacht hatten. [→379, 585, 669, 808]

(546)

Statt «Nicht schlecht, Herr Specht» sagt man im Schwedischen *«Det var inte illa pinkat av en trähäst»*.
Wörtlich übersetzt:
«Das war nicht schlecht gepinkelt von einem Holzpferd.»

[→567]

(547)

Schwarzmilane können Buschbrände verursachen. In Australien wurden die Vögel dabei beobachtet, wie sie glimmende Stöcke ins trockene Gras fallen liessen – und sich nachher die Mäuse, Eidechsen und Heuschrecken schnappten, die vor dem Feuer flohen.

(548)

In England wird ein Kondom manchmal *French letter* (französischer Brief) genannt, in Frankreich *capote anglaise* (englischer Mantel).

[→327, 839]

(549)

Wenn Männer eine Frau attraktiv finden, reden sie automatisch tiefer. Tiefere Stimmen wiederum empfinden Frauen als attraktiv. Dieser Effekt tritt unbewusst auf und funktioniert sogar dann, wenn der Mann eine Sprache spricht, die die Frau gar nicht versteht.

[→123, 506, 685]

(550)

Schwebfliegen, Schmetterlinge, Fliegen und manche Käfer ziehen für den Winter genauso in den Süden wie Vögel. Südengland wird jedes Jahr von 3½ Billionen Insekten überflogen.

[→588]

(551)

Natur macht glücklich. Grün ist gut:
Pärke, Bäume, Wiesen.
Noch besser ist Blau: Wasser.
Am glücklichsten ist der Mensch
an der Meeresküste.

[→307, 453, 827]

(552)

Damit sie ihren Harem nicht
verlassen müssen, fressen See-Elefanten
während der 3-monatigen Brunftzeit
überhaupt nichts – und verlieren
dabei die Hälfte ihres Körpergewichts,
im Extremfall mehr als 1 Tonne.

(553)

Ein Knutschfleck heisst
im Medizinerslang
«Hypobare Sugillation».

(554)

Je gewichtiger die Publikation
eines Forschungsteams, desto geringer
die Chance eines weiblichen Mitglieds,
als Autorin aufgeführt zu werden.

[→493]

(555)

Wer einen Helm trägt, geht mehr
Risiken ein. Das gilt beim Velofahren –
aber auch bei Tätigkeiten,
wo der Helm gar nichts nützt, etwa
beim Kartenspiel. [→346]

(556)

Die Oberfläche aller Pflanzen der Welt beträgt etwa 1 Milliarde Quadratkilometer – das ist doppelt so viel wie die Erdoberfläche oder 7 Mal so viel wie die globale Landfläche.

(557)

Gutgelaunte treffen schlechtere Entscheidungen.

(558)

90 Prozent der amerikanischen Mädchen besitzen mindestens eine Barbiepuppe. Im Schnitt hat jedes etwa 10 Stück.

(559)

Zu den wichtigsten Beutetieren von Steinadlern in den Voralpen gehören Hauskatzen.

(560)

Bei der Partnersuche spielt der Sozialstatus nach wie vor eine grosse Rolle: Arme heiraten Arme, Reiche heiraten Reiche. Besonders extrem ist es an den Rändern: Menschen aus der höchsten Einkommensschicht heiraten in der Schweiz 15 Mal so oft ihresgleichen, als es bei einer Zufallsverteilung der Fall wäre. Bei den Allerärmsten beträgt dieser Faktor sogar mehr als 30.

[→257, 341, 840]

(561)

Die Insel Mauritius liegt auf einem eigenen, winzigen Kontinent, der erst vor Kurzem entdeckt und sinnigerweise «Mauritia» getauft wurde.

(562)

Schokoladeessen schützt vor Sonnenbrand. In einer Studie war die Haut von Proband:innen, die täglich 20 Gramm Schokolade assen, nach 12 Wochen deutlich besser vor UV-Strahlen geschützt. Allerdings: Es muss sich um dunkle, flavanolreiche Schokolade handeln. Und: Trotzdem Sonnencreme nicht vergessen!

(563)

In Videokonferenzen fühlen wir uns besser, wenn echte Handzeichen statt Emojis verwendet werden. Zum Beispiel Daumen hoch für Zustimmung, Hand aufs Herz für Mitgefühl. [→973]

(564)

In jenen US-Bundesstaaten, wo besonders viele Evangelikale leben und überdurchschnittlich viele Leute die Kirche besuchen, wird am häufigsten nach Pornos gegoogelt.

[→736]

(565)

In den USA und in Indien hat man Krokodile beobachtet, die sich dünne Stecken auf die Schnauze hieven und dann ruhig an der Wasseroberfläche verharren. So locken sie Reiher an, die mit dem Nestbau beschäftigt sind. Diese raffinierte Jagdmethode wenden die Krokodile ausschliesslich in der Nistzeit der Reiher und in der Nähe ihrer Kolonien an.

[→347, 532, 700]

(566)

Bei den Anschlägen von 9/11 fuhren rund 1000 Beschäftigte des World Trade Center erst mal ihren Computer herunter, bevor sie aus dem Gebäude flohen.

(567)

Statt «sich in die Höhle des Löwen begeben» sagt man auf Tschechisch «mit nacktem Fuss eine Schlange streicheln» *(hladit hada bosou nohou)*.

[→642]

(568)

Die Rostrote Mauerbiene, eine häufige Wildbienenart, ist flexibel bei der Nistplatzwahl. Man fand schon Nester in Türschlössern, in einer leeren Streichholzschachtel, in Patronenhülsen, in einer Blockflöte und im Auspuff eines Mopeds.

(569)

Die Ozeane der Erde sind voller Viren. Zusammengenommen wiegen sie mehr als 1 Million Blauwale.

[→752, 941]

(570)

Verpacktes Toastbrot kann bis zu 3 Prozent Alkohol enthalten. Beim Toasten verschwindet er aber fast vollständig.

(571)

Finnische Väter verbringen heute mehr Zeit mit ihren Kindern als ihre Partnerinnen. Bei der Hausarbeit sind allerdings auch sie noch immer im Hintertreffen. [→132, 410]

(572)

Bei den meisten Fluggesellschaften dürfen Pilot und Co-Pilot aus Sicherheitsgründen nie dasselbe essen.

(573)

Noch 1924 endeten bloss 4 der 10 beliebtesten Schweizer Mädchennamen auf «a». Seither hat der Anteil stetig zugenommen – heute ist das Schluss-a extrem dominant. Die erste Ausnahme, Alice, findet sich erst auf Rang 17.

(574)

In der Stadt Zürich lebten vor 200 Jahren pro Einwohner:in 4 Mal so viele Hunde wie heute.

(575)

In traditionellen Gesellschaften finden Forscher:innen immer wieder das gleiche Phänomen:
Arme Frauen produzieren für Mädchen die bessere Muttermilch als für Buben – bei reichen Frauen ist es umgekehrt.
Die Erklärung: Ein gesundes Mädchen wird sich immer fortpflanzen können. Die Investition in einen männlichen Nachkommen lohnt sich hingegen nur, wenn er auf der gesellschaftlichen Leiter nicht zu tief steht.

(576)
Um 1900 ernährte jeder Landwirt 4 Menschen – heute sind es 147.

(577)
Ritalin hat seinen Namen von einer Rita. Der italienische Chemiker Leandro Panizzon synthetisierte das ADHS-Medikament 1944 – und testete es selbst, zusammen mit seiner Frau Marguerite («Rita»). Sie soll von dem Mittel angetan gewesen sein, steigerte es doch ihre Leistungen im Tennis.

(578)
10 zusätzliche Bäume in der Nachbarschaft steigern das Wohlbefinden im gleichen Ausmass wie eine Lohnerhöhung von 10 000 Dollar.

(579)
Jeder Mensch der Welt besitzt im Schnitt 80 Legosteine.

(580)
19 Millionen Amerikanerinnen und 9 Millionen Amerikaner über 18 Jahre nehmen Antidepressiva.

(581)
Zwei Drittel der Redezeit in den erfolgreichsten US-Filmen bestreiten immer noch die Männer.

[→663]

(582)
Der kälteste Ort, wo je Blütenpflanzen gefunden wurden, befindet sich in der Schweiz: Im Sommer blüht am Dom in den Walliser Alpen auf 4505 Metern ein Exemplar des Gegenblättrigen Steinbrechs. Im Himalaya wachsen Blütenpflanzen auf über 6000 Metern, aber dort ist es wärmer.

(583)
Onlinedating ist out, zumindest bei der Generation Z. In einer Umfrage gaben 44 Prozent der 18- bis 25-jährigen Amerikaner:innen an, sie würden lieber die Toilette putzen, als auf ein weiteres Tinder-Date zu gehen.

(584)
Britische Bankräuber verdienen im Schnitt 30 000 Franken pro Jahr.

(585)
Knoblauchessen steigert die Attraktivität. So unwahrscheinlich es tönt: Frauen bewerten den Achselschweiss von Männern, die ein paar Stunden zuvor viel Knoblauch gegessen haben, als angenehmer, attraktiver und weniger intensiv. Womöglich hat dies mit den Abwehrstoffen zu tun, die im Knoblauch stecken. [→379, 545, 669, 808]

(586)

Menschliche Lebensgefährt:innen machen gesund – noch gesünder aber machen Hunde und Katzen: Laut einer Untersuchung der amerikanischen BUFFALO-UNIVERSITÄT wirkt sich ein Haustier positiver auf Herz und Kreislauf aus als eine Ehe.

[→805]

(587)

In Italien sterben jedes Jahr etwa 75 Prozent mehr Menschen, als geboren werden.

(588)

Unsere einheimischen Distelfalter verhalten sich wie Zugvögel: Sie ziehen jedes Jahr nach Westafrika ins Winterquartier und zurück – die zurückgelegte Distanz beträgt bis zu 15 000 Kilometer. Um das zu schaffen, müssen sie sich unterwegs immer wieder fortpflanzen. Bei den Rückkehrern handelt es sich deshalb um die Ur-Ur-Ur-Enkel der ursprünglichen Schmetterlinge.

[→550]

(589)

Wem nach langer Beziehung der Partner oder die Partnerin stirbt, der oder die hat selber für 3 Monate ein um 50 Prozent erhöhtes Sterberisiko.

[→925]

(590)

Unter intensiv bewirtschafteten Äckern ist die Artenvielfalt bei den Mikroorganismen im Grundwasser 5 Mal kleiner als unter Wäldern. Ursache für die Misere sind Dünger und Pestizide.

(591)

Da vermitteln Filme ein falsches Bild: In der Wirklichkeit explodieren brennende Autos nie. Es sei denn, sie haben Sprengstoff geladen.

(592)

Atheist:innen sind die unbeliebteste Glaubensgruppe der USA. Fast die Hälfte der Amerikaner:innen würde eine atheistische Schwiegertochter (oder Schwiegersohn) ablehnen.

[→476]

(593)

Überall auf der Welt handeln rund zwei Drittel der Gespräche von Zwischenmenschlichem.

(594)

Schon ein kleines Champagnerfrühstück kann uns berauschen, denn vormittags vertragen wir deutlich weniger Alkohol als abends. Grund dafür ist, dass die Leber am Morgen weniger Enzyme zum Alkoholabbau produziert.

(595)

Manche fleischfressende Pflanze wird allmählich zur Vegetarierin. Grund dafür ist der viele Stickstoff aus Kaminen und Auspuffen, mit dem wir die Luft verschmutzen. Für die Pflanzen ist Stickstoff ein Dünger – deshalb müssen sie weniger Insekten fangen.

(596)

Auf den Böden der Weltmeere liegen etwa 3 Millionen Schiffswracks.

(597)

Im Gegensatz zu Baumwolle oder Leinen verrottet Synthetik nicht. Nicht wenige synthetische Kleider dürften als sogenannte Technofossilien für Jahrmillionen im Erdreich überdauern.

(598)

Jeweils am Montag nach der Zeitumstellung fallen die ausgesprochenen Strafen amerikanischer Richter:innen 5 Prozent länger aus als sonst. Vermutlich, weil die Menschen in der Nacht des Wechsels zur Sommerzeit 40 Minuten weniger schlafen.

[→15, 224, 654, 732]

(599)

Studierende öffnen im Schnitt in jeder Lektion 65 neue Fenster auf ihrem Laptop. Zwei Drittel davon haben nichts mit dem Thema der Vorlesung zu tun.

(600)

Vorurteile wirken: Blonde Frauen schneiden bei Intelligenztests schlechter ab, wenn sie vor dem Test Blondinenwitze lesen müssen.

[→189, 718]

(601)

Einige deutsche Wörter mit Doppel-pf:

Dampfpfeife
Impfpfusch
Kampfpflicht
Knopfpflege
Kopfpflaster
Napfpflaume
Sumpfpfad
Topfpflanze
Wiedehopfpfiff

(602)

Es nützt nichts, wenn Eltern ihre Kinder anschreien. Eine Studie im Gehirnscanner hat gezeigt: Teenager fahren zentrale Gehirnbereiche einfach runter, wenn sie kritisiert werden.

[→44, 158, 272, 853]

(603)

Muscheln können husten.
Das typische Hustgeräusch entsteht, wenn sie – unter Wasser natürlich – ihre beiden Schalenhälften zusammenklappen und dadurch Abfallstoffe hinausschwemmen.

(604)

Jesus wird im Koran viel öfter namentlich erwähnt als Mohammed. Und Jesu Mutter Maria taucht im Koran öfter auf als in der Bibel.

(605)

Frauen produzieren pro Quadratmeter Hautfläche ein Fünftel weniger Wärmeenergie als Männer. Darum liegt ihre Wohlfühltemperatur um 3 Grad höher.

(606)

Haie sind farbenblind. [→418]

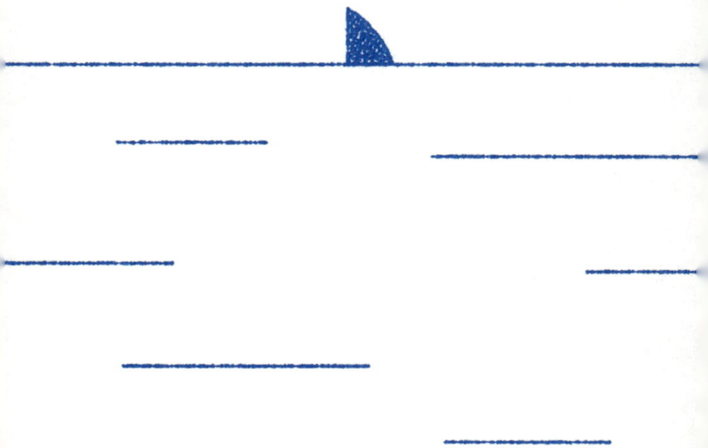

(607)

Wenn Versuchspersonen mit nacktem Hintern über Petrischalen furzen, spriessen dort die Bakterien. Man braucht aber deswegen keine Angst vor Ansteckungen zu haben: Die Bakterien sind zumeist harmlos. Und werden im Alltag durch Kleider ausgebremst. Die Unterhose wirkt hier wie eine Maske.

[→868]

(608)

6 bis 9 Prozent der Medikamentenverschreibungen durch Ärzt:innen an englischen Spitälern sind fehlerhaft. Beinahe alle Fehler werden jedoch von Krankenschwestern, Apotheker:innen oder anderen Ärzt:innen aufgedeckt, bevor das Medikament ausgehändigt wird.

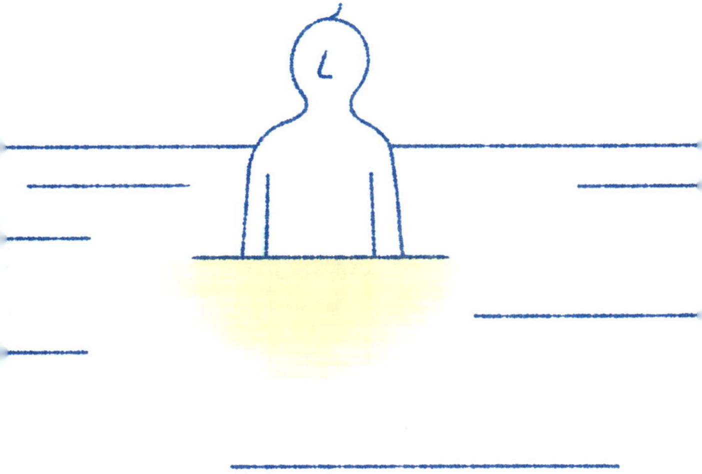

(609)

Riesenmammutbäume sind bis zu 240 Milliarden Mal so schwer wie die Samenkörner, aus denen sie hervorgehen.

(610)

Im Mittelalter waren doppelt so viele Paare kinderlos wie heute.

(611)

Seit 2009 ist Grönländisch alleinige Amtssprache Grönlands – seither findet man in offiziellen Dokumenten oft den Ausdruck *Naalakkersuisut Siulittaasuata Naalakkersuisoqarfia* (Büro des Premiers).
Es gibt aber auch praktische grönländische Wörter wie *isippoq* (er/sie ist ins Wasser gefallen), *ippeqivoq* (er/sie wird von Mücken belästigt) oder *qaqqaqaqaaq* (es gibt sehr viele Berge dort). [→651]

(612)

Die Wahrscheinlichkeit, dass Männer bei nächtlichem oder morgendlichem Aufwachen eine Erektion haben, beträgt 55 Prozent.
Sie haben aber nicht die halbe Nacht eine Erektion – vielmehr ist der Schlaf während einer Erektion leichter.

[→76, 482]

(613)

Schlechte Schläfer schlafen nicht unbedingt weniger als jene, die gut schlafen. Aber sie träumen öfter, sie würden sich schlaflos im Bett wälzen. Was nichts daran ändert, dass sie sich am Morgen weniger erholt fühlen.

(614)

Bei Tsetsefliegen beginnt das Leben nicht viel anders als beim Menschen: Die Fliegenweibchen produzieren nur ein einziges Junges aufs Mal, das in ihrem Bauch heranwächst. Sie haben sogar Milchdrüsen und füttern den Nachwuchs mit Muttermilch.

[→368, 443, 474, 831, 852]

(615)

Freedom Fries statt *French Fries:* Wegen des französischen Widerstands gegen die Irakinvasion wollten 2003 konservative Amerikaner:innen die *Pommes frites* umtaufen. Das Vorgehen hat Tradition: Im Ersten Weltkrieg hatten die Amerikaner:innen ihr Sauerkraut in *Liberty Cabbage* umbenannt, den Hamburger in *Liberty Sandwich,* den *German Spitz* (Deutscher Spitz) in *American Escimo Dog,* sogar die *German Measles* (Röteln) wurden vorübergehend zu *Liberty Measles.*

(616)

Insekten tragen ihre Ohren oft
an kuriosen Orten:
Grillen hören mit den Vorderbeinen,
Gottesanbeterinnen mit dem Bauch,
Zikaden mit dem Hintern.

(617)

Foodwaste extrem: 55 Prozent
des Brotgetreides gehen in der Schweiz
verloren. Auch bei Fisch und Gemüse
wird mehr als die Hälfte weggeworfen.
[→436]

(618)

Mit *tartle* bezeichnet man im
schottischen Englisch die peinliche
Verzögerung bei der Begrüssung,
wenn einem der Name des Gegenübers
nicht gleich einfällt.

(619)

Vom Namen geleitet: Der Psychologe
André Angstmann leitet Angst-
seminare – der Physiker Kurt Kugeler
erforscht den Kugelhaufenreaktor –
der Ökologe Michael Altmoos hat den
grössten Moosgarten Deutschlands
erschaffen. [→172, 451, 810]

(620)

Die Sparslogans von Supermärkten
bewirken, dass die Kund:innen mehr
Geld ausgeben.

(621)

Braunäugige wirken vertrauenswürdiger als Blauäugige.

(622)

Stösst eine Maus auf eine bewusstlose Artgenossin, leckt sie sie am Auge oder beisst sie in die Schnauze, um sie zu wecken. Oft zieht sie ihr auch die Zunge heraus, was die Atemwege vergrössert. Die Herangehensweise erinnert an menschlich Erste-Hilfe-Massnahmen und bewirkt, dass die verletzte Maus schneller zu sich kommt.

(623)

Einige hübsche rätoromanische Vogelnamen:

Channarelda channa – Schilfrohrsänger
Cruscharel-papagagl – Kiefernkreuzschnabel
Gru grisch – Kranich
Ibis dal bec plat – Löffler
Ibis dal bec tort – Sichler
Merl blau – Blaumerle
Pulsauna nanina – Zwergsumpfhuhn
Sbrinzlina – Schwanzmeise
Sfunsella da glatsch – Eistaucher
Sgnappamustgas grisch – Grauschnäpper
Squinz – Schneesperling
Tschuetta da la mort – Steinkauz
Turturella – Turteltaube
Urblauna – Alpenschneehuhn

[→137, 441, 813]

(624)

Papageien lieben ausgedehnte Sexspiele. Sie kennen sogar die Stellung 69: Dabei klammern sie sich an eine senkrechte Stange – das eine Tier aufrecht, das andere kopfüber.

(625)

In Japan haben Nickerchen einen guten Ruf, selbst während der Arbeitszeit. Manche Chefs stellen sich sogar an Konferenzen schlafend, wenn ihre Angestellten auftreten – so nehmen sie Druck von ihnen weg.

(626)

Die Schlafstätten von Schimpansen, aus Zweigen und Blättern gemacht, sind sehr sauber. Man findet darin praktisch keine Fäkalbakterien – ganz im Gegensatz zu menschlichen Betten.

(627)

7 deutsche Wörter, von denen es aus unerfindlichen Gründen kein Gegenteil gibt:

dringend
Verspätung
herrenlos
verjüngen
nächtlich
Verdummung
hilfsbereit

(628)

Okapis, auch Waldgiraffen genannt,
haben eine blaue Zunge.
Diese ist 35 Zentimeter lang und
so flexibel, dass sie sich damit hinter
den Ohren putzen können.

[→153, 313]

(629)

Junge Amerikaner:innen gehen
heute im Schnitt um 22 Uhr ins Bett
und schlafen 9½ Stunden.

(630)

Christopher Cavoli, bis Mitte 2025
NATO-Oberbefehlshaber in Europa,
ist studierter Biologe. 1987 publizierte
er eine Arbeit mit dem Titel
«Der Einfluss von Regenwürmern
auf die vertikale Verteilung
von Schleimpilzen im Boden».

(631)

Lebenslänglicher Autobesitz
verursacht Kosten von 600 000 bis
zu 1 Million Franken.
Ein bedeutender Teil davon wird von
der Allgemeinheit getragen.

(632)

Mehr als drei Viertel der eisfreien
Landfläche der Erde befinden
sich nicht mehr im ursprünglichen
Zustand: Sie wurden von
Menschenhand umgestaltet.

(633)

Pro Hektar lässt sich mit Solarpanels etwa 30 Mal so viel Energie ernten wie mit Mais oder Raps, das man zu Treibstoff verarbeitet.

[→87]

(634)

Das Wort «dämlich» hat nichts mit Damen zu tun – vielmehr ist es mit «dämmern» verwandt. In der Dämlichkeit wie in der Dämmerung steckt die alte Wortwurzel «tem-», die einst so viel wie dunkel oder geistig benommen bedeutete. Die Dame hingegen stammt von der lateinischen *domina* (Hausherrin) ab.

[→181]

(635)

Die Vereinigten Arabischen Emirate, obwohl fast vollständig von Wüsten bedeckt, gehören zu den grössten Sandimporteuren der Welt. Sie verwenden das Material für grosse Bauprojekte und künstliche Inseln.

[→430, 907]

(636)

Mit viel Mühe können junge Flussseeschwalben sogar Fische fressen, die länger sind als sie selber. Der Schwanz des Fisches schaut dann jeweils noch aus dem Schnabel, während der Kopf bereits verdaut wird.

(637)
Bartträger werden eher für kriminell gehalten.

(638)
Eine einzige Bitcoin-Überweisung verbraucht gleich viel Strom wie ein 2-Personenhaushalt in einem halben Jahr.

(639)
Falscher Freund:
Das georgische Wort für Vater ist *mama* – die Mutter heisst *deda*. [→209, 832, 888]

(640)
Bei intensiven religiösen Erfahrungen feuern die gleichen Hirnzellen wie bei Sex, Glücksspiel oder Sucht.

(641)

Seit der Cannabislegalisierung im US-Bundesstaat Colorado gibt es dort weniger Spitaleintritte wegen chronischer Schmerzen. Dafür hat die Zahl der Verkehrsunfälle deutlich zugenommen.

(642)

Statt «den Löffel abgeben» sagt man in Finnland «den Löffel in die Ecke schmeissen» *(nakata lusikka nurkkaan)*, in Schweden «das Schild abnehmen» *(ta ner skylten)*, in Frankreich «den Schirm zumachen» *(fermer son parapluie)*, in Spanien «die Serviette falten» *(doblar la servilleta)*, in Ungarn «die Zähne abgeben» *(otthagyja a fogát)* und in Russland «die Schlittschuhe abwerfen» *(otbrosit' kon'ki)*. [→681]

(643)

Erdkröten klettern gern auf Bäume. Was sie dort oben suchen, ist nicht bekannt. [→440, 455, 828]

(644)

9 der 10 höchsten Berge der Alpen befinden sich in der Schweiz oder an der schweizerisch-italienischen Grenze. Einzige Ausnahme: Ausgerechnet der höchste, der Mont Blanc.

(645)

Von den ersten 7 Bundesräten starben 4 im Amt.

(646)

In der Schweiz lebende Ausländer:innen haben 2024 rund 38 Milliarden Dollar in ihre Heimatländer geschickt – das ist Rang 3 weltweit. Nur aus den USA (98 Milliarden) und aus Saudi-Arabien (47 Milliarden) sind die Überweisungen noch höher.

(647)

Läuft in einer Weinhandlung klassische Musik statt Pop, so werden zwar nicht mehr Weine verkauft, aber teurere.

(648)

Menschen sind umso glücklicher, je mehr Austausch sie mit ihren Freund:innen haben. Ausnahme: die Hochintelligenten. Sie werden durch allzu viel Sozialleben unglücklich. [→53, 240, 665]

(649)

Das finnische *riiuuyöaie* ist schwierig zu übersetzen – es bedeutet ungefähr «ein Vorhaben für eine Datingnacht». Im Alltag dürfte das Wort selten gebraucht werden, aber es ist dafür bekannt, dass sich darin rekordverdächtige 9 Vokale aneinanderreihen.

[→213, 457, 710, 739]

(650)

Der australische Tigerkäfer *Cicindela hudsoni* krabbelt mit 2½ Metern pro Sekunde – Insektenweltrekord. Unsere Küchenschaben bringen es immerhin auf 1½ Meter pro Sekunde.

[→18, 309, 792, 949]

(651)

Mit dem Wort *Iktsuarpok* bezeichnen die Inuit den Gang zum Fenster oder nach draussen, um zu schauen, ob der Mensch, auf den man sehnlichst wartet, endlich kommt.

[→611]

(652)

Die Wahrscheinlichkeit, dass australische Männer ihre Ehefrauen körperlich misshandeln, steigt um 35 Prozent, wenn die Frauen mehr als die Hälfte zum Haushaltseinkommen beitragen. Den Effekt findet man in allen Alters-, Einkommens- und Bildungsschichten.

(653)

Mehr als die Hälfte der menschlich verursachten Treibhausgase wurden in den letzten 30 Jahren freigesetzt. Also seit wir wissen, dass sie das Klima aufheizen.

(654)

Auch Ärzt:innen sind nur Menschen: Unter Stress wählen sie gerne bequeme Lösungen. Je später der Tag und je mehr Patient:innen sie zu betreuen haben, desto eher verschreiben sie unnötig Antibiotika.

[→15, 598, 732]

(655)

Das langsame Schliessen und Öffnen der Augen bei Katzen entspricht dem menschlichen Lächeln. Wenn ein Mensch eine Katze auf diese Weise mit den Augen anlächelt, lächelt sie zurück und ist ihm freundlich gesinnt.

(656)

Schädlich für die Artenvielfalt: In der Schweiz gelangt heute 20 Mal so viel Stickstoff aus der Luft in den Boden, wie es natürlicherweise der Fall wäre. Er stammt hauptsächlich aus der Landwirtschaft und vom Verkehr.

[→686]

(657)

Für jeden Menschen der Welt wird jede Woche mehr als dessen Körpergewicht an künstlichen Produkten hergestellt – vor allem Beton, Stahl und Asphalt. Das von Menschen bis heute geschaffene Material ist schwerer als die Biomasse der Erde.

(658)

Die grössten Augen aller Landlebewesen hat nicht etwa der Elefant, sondern der Strauss. Er kann Löwen schon aus 3½ Kilometern Distanz erspähen. Dafür können sich Strausse kaum etwas merken: Ihr Hirn erreicht nur die Grösse einer Walnuss – das Auge ist so gross wie eine pralle Aprikose.

[→393, 705]

(659)

Wer zusammenzieht, nimmt zu.

(660)

Babyklappen sind keine Erfindung der Neuzeit: Schon Papst Innozenz III. liess im 12. Jahrhundert an einem Vatikangebäude eine Maueröffnung anbringen, in der ein drehbarer Holzzylinder stand. Die äussere Hälfte des Zylinders war offen, sodass eine verzweifelte Mutter anonym ihr Kind hineinlegen konnte. Dann drehte sie an der Vorrichtung, bis das Baby auf der Innenseite war, läutete eine Glocke und eilte davon.

(661)

Global kommen auf jeden wilden Tiger 100 000 Hauskatzen.

(662)

Für «so lala» sagt man auf Chinesisch «Pferd Pferd, Tiger Tiger». Der Ausdruck geht auf ein Bild eines Pferd-Tiger-Mischwesens zurück, das dem Publikum nicht besonders gefiel. Oder eben: so lala.

(663)

Anzahl Männer, die bis 2025 für den Oscar für die beste Kamera nominiert wurden: 636. Anzahl Frauen: 3. Bekommen haben diesen Oscar ausschliesslich Männer. [→581]

(664)

Bei ihrem allerersten Konzert 1982 in Bremen wurde die deutsche Punkband «Die Toten Hosen» vom Veranstalter irrtümlich als «Die Toten Hasen» angekündigt.

(665)

10 Prozent der Frauen und 15 Prozent der Männer in den USA haben überhaupt keine engen Freund:innen mehr. Diese Werte haben sich in den letzten 30 Jahren vervierfacht.

[→53, 240, 648]

(666)

Für die menschliche Ernährung werden jedes Jahr 1 bis 2 Billionen Fische getötet. [→4, 266, 296, 496]

(667)

Zwischen 1992 und 2014 starben insgesamt 5 Männer, die in der Werbung den «Marlboro Man» dargestellt hatten, an raucherbedingten Lungenkrankheiten. MARLBORO-Zigaretten trugen daher zeitweise den Übernamen «Cowboy Killers».

(668)

In den eisigen Regionen der Erde behalten Vögel über lange Zeit dieselben Nistplätze. Ein 2740 Jahre altes Gerfalkennest auf Grönland wird bis heute genutzt – Weltrekord.

(669)

Vergebene Männer sind attraktiver. Frauen schätzen einen Mann auf einem Foto als deutlich intelligenter, humorvoller und begehrenswerter ein, wenn sie glauben, die Frau neben ihm sei seine aktuelle Partnerin und nicht seine Schwester oder seine Ex.

[→379, 545, 585, 808]

(670)
Glück ist ansteckend, vor allem in nächster Umgebung. Ein:e glückliche:r Nachbar:in steigert die Chance um 34 Prozent, dass man selber glücklich ist.

(671)
Das schöne Verb *giglgogln* stammt aus Österreich und bedeutet «koitieren».

(672)
Die meisten Japaner:innen vertragen keine Milch. Dafür sind sie die einzigen, die Meeresalgen richtig verdauen können – dank eines speziellen Bakteriums in ihrer Darmflora.

(673)
Wenn Wildpferde oder Esel in der Wüste kein Wasser finden, graben sie mit ihren Hufen ihre eigenen Brunnen – bis zu 2 Meter tief.

(674)

Bei Spielen, die sie am Ende gewinnen, stöhnen Tennisspieler:innen in einer tieferen Stimmlage als bei Niederlagen. Der Unterschied in der Tonhöhe zeigt sich schon früh in der Partie – unter Umständen lässt sich damit vorhersagen, wer gewinnen wird. Fun Fact: Die entsprechende Studie wurde in der Zeitschrift «Animal Behavior» veröffentlicht.

[→69]

(675)

Junge Amerikaner:innen haben immer weniger Sex. Der Anteil der 22- bis 34-Jährigen, die angeben, im Vorjahr keinen Sex gehabt zu haben, stieg bei den Männern zuletzt innert 10 Jahren von 9 auf 24 Prozent – bei den Frauen von 8 auf 13 Prozent.

[→815]

(676)

Die durchschnittliche Körpertemperatur des Menschen ist seit Mitte des 19. Jahrhunderts um mehr als ein halbes Grad gesunken. Vermutlich, weil wir immer seltener an Infekten leiden.

(677)

Ein Lärmanstieg von 10 Dezibel reduziert die Gehirnleistung um 5 Prozent.

(678)

Je mehr Sex eine Frau hat,
desto später setzt die Menopause ein.

(679)

62 Prozent der Isländer:innen halten
es für möglich, dass Elfen existieren.
Manchmal werden sogar Strassen-
bauprojekte gestoppt, wenn sie durch
historisches Elfengebiet führen.

(680)

Praktisch der gesamte Weizen
für die Schweizer Pastaproduktion wird
importiert. Grund dafür ist,
dass Teigwaren aus heimischen
Weizensorten bei den
Konsument:innen unbeliebt sind.

(681)

Andere Länder, andere Redensarten:
Wir sagen «schlafen wie
ein Murmeltier»,
in England hingegen schläft man
«wie ein Baumstamm» *(to sleep like a log)*,
in Frankreich «wie ein Baumstumpf»
(dormir comme une souche),
in Ungarn «wie die Milch»
(alszik, mint a tej),
in Tschechien «wie ein Wiedehopf»
(spát jako dudek)
und in Russland «ohne Hinterbeine»
(spat' bez zadnich nog).

[→694]

(682)

Das letzte Getränk des Abends heisst in der Schweiz mancherorts *Schlummi* (für Schlummertrunk). In Deutschland spricht man vom «Absacker», in Österreich vom *Fluchtachterl.*

[→127, 356, 500]

(683)

Die grüne Pfirsichblattlaus ist das robusteste Insekt der Welt: Sie ist gegen mehr als 70 Pestizide resistent. Leider befällt sie nicht nur Pfirsichbäume, sondern auch Tomaten, Kohl und Raps.

(684)

Kalsarikänni

(wörtlich: «Unterhosenschwips») umschreibt die finnische Vorstellung von Entspannung nach Feierabend: sich alleine zu Hause in Unterwäsche betrinken.

(685)

Frauen sprechen heute eine halbe Oktave tiefer als vor 20 Jahren – der Abstand zu den Männern hat sich halbiert. Wahrscheinlich spielt hier die Emanzipation mit: Wer mit tiefer Stimme spricht, wird ernster genommen. [→506, 549]

(686)
Durch Erosion gehen weltweit jedes Jahr 3 Tonnen Ackerboden pro Kopf verloren. Die Erosionsrate ist heute bis zu 40 Mal so hoch, wie sie natürlicherweise wäre. Hauptgrund dafür ist die Intensivlandwirtschaft. [→656]

(687)
Die meisten Leute würden ihre Stelle lieber an einen Roboter als an einen anderen Menschen verlieren.

(688)
Einige Frauennamen aus Wagner-Opern: Brünnhilde, Flosshilde, Gerhilde – Fricka, Freia, Erda – Sieglinde, Ortlinde, Woglinde – Grimgerde, Helmwige, Rossweisse – Schwertleite, Siegrune, Wellgunde.

(689)
Auch Bäume schlafen: Sie sinken nachts in sich zusammen und lassen Äste und Blätter hängen.

(690)
Im Verständnis der Japaner:innen machen Tiere ziemlich andere Laute als bei uns. So miauen in Japan die Katzen nicht, sondern sie sagen *njan njan*. Schweine grunzen *buu buu,* Bienen summen *bun bun* und Frösche quaken *kero kero.*

(691)

Schizophrene können
sich selber kitzeln. [→376, 768]

(692)

Nahrungsmitteltabus gibt es auch bei Tieren. Schimpansen in Nigeria etwa verzehren regelmässig Ameisen, rühren aber niemals Termiten an. Bei ostafrikanischen Schimpansen ist es genau umgekehrt.

[→291, 381]

(693)

Pausen lohnen sich auch ökonomisch: Sie senken das Unfallrisiko und erhöhen Motivation und Kreativität. Das führt zu einer Produktivitätssteigerung, die den Arbeitszeitverlust mehr als wettmacht.

(694)

Statt Äpfel mit Birnen vergleicht das Englische Äpfel mit Orangen, das Portugiesische Orangen mit Bananen, das Französische Kohl mit Karotten.
Es geht aber auch deftiger: In Serbien werden Grossmütter mit Fröschen verglichen – in Rumänien Grossmütter mit Maschinengewehren.

[→798]

(695)
Das Risiko, mit dem Motorrad tödlich zu verunglücken, ist 4800 Mal grösser als mit dem Zug.

(696)
Nichtdeutschsprachige Ausländer:innen finden Berndeutsch und Thurgauerisch genau gleich schön.

[→233]

(697)
Für ein kleines Küchenmesser, in der Schweiz oft *Schnitzerli* genannt, gibt es im deutschen Sprachraum gegen 100 lokale Ausdrücke, beispielsweise *Plütt, Knief, Blämbe, Pitmetz, Schlawitzer, Grottschaber, Muggegickser, Abrahamchen, Küchenpetter, Krabbenschächter* oder *Schneidteufel.*

(698)
99 Prozent aller Ägypterinnen sind schon einmal sexuell belästigt worden.

(699)
Nach einem Wechsel ins Grossraumbüro sprechen Mitarbeiter:innen etwa 70 Prozent weniger miteinander. Dafür schreiben sie massiv mehr Mails und Textnachrichten. So versuchen sie die Konzentration und Privatsphäre wenigstens ein Stück weit zu wahren.

[→239]

(700)

Krokodile fressen auch Obst.

[→347, 532, 565]

(701)

Bläst man in die Nasenlöcher je einen unterschiedlichen Duft, so riechen wir nicht eine Mischung, sondern bloss einen der beiden Düfte. Das liegt daran, dass jeweils für ein paar Stunden ein Nasenloch dominant ist, während sich das andere quasi ausruht. [→529]

(702)

Auch Quallen schlafen – obwohl sie gar kein Gehirn haben. [→321, 342]

(703)

Glühwürmchen wandeln 95 Prozent der verwendeten Energie in Licht um. Zum Vergleich: Selbst die besten Lampen aus Menschenhand erreichen kaum mehr als 50 Prozent.

(704)

Noch in den 50er-Jahren konnte man auf Schweizer Flugaufnahmen erkennen, ob es sich um protestantisches oder katholisches Gebiet handelte. Protestanten unterwarfen ihr Land einer strengen Ordnung, während Katholiken mehr Wildwuchs zuliessen. Heute sind diese Unterschiede verwischt.

(705)

Ein Straussenei ist 1½ Kilo schwer. Ein Rührei daraus reicht für 10 Personen.

[→ 393, 658]

(706)

Der Mensch ist für die Tropen gemacht. Im nackten Zustand befinden wir uns bei ungefähr 28 Grad im Wärmegleichgewicht mit unserer Umgebung. Ist es wärmer, beginnen wir zu schwitzen. Ist es kälter, müssen wir uns bewegen oder etwas anziehen.

(707)

Der ungarische Zungenbrecher *Öt török öt görögöt dögönyöz örökös örömök között* mag öde tönen – doch erzählt er von einer vergnüglichen Begebenheit: «Fünf Türken massieren inmitten endloser Lustbarkeiten fünf Griechen.»

[→38, 130, 824, 866]

(708)

Gestresste Männer finden kurvige Frauen attraktiver. [→863]

(709)

Es stimmt nicht, dass beide Hälften weiterleben, wenn man einen Regenwurm in der Mitte zerteilt: Der Hinterteil stirbt, und der Vorderteil, der tatsächlich imstande ist, den Schwanz nachwachsen zu lassen, geht oft an einer Wundinfektion zugrunde. [→243, 321]

(710)

Einige estnische Wörter mit
4 gleichen Vokalen hintereinander:
jääääär (Eisrand)
kuuuurija (Mondforscher)
töööö (Arbeitsnacht)

[→213, 457, 649, 739]

(711)

Der Name Somalia leitet sich vermutlich von *Soo maal* ab, was in der Sprache der Einheimischen «Geh und melke!» bedeutet. Dies ist als Einladung zum Milchtrinken zu verstehen.

(712)

Katzen sind meist Rechtspfoterinnen, Kater eher Linkspfoter.

[→186]

(713)

Der Schlaf von Teenagern ist natürlicherweise um bis zu 3 Stunden nach hinten verschoben, was ihre Probleme mit dem frühmorgendlichen Aufstehen erklärt. Das Phänomen gibt es nicht nur bei Menschen, sondern etwa auch bei Affen-, Ratten- und Mäuse-Teenies.

(714)

Blitze können auch waagrecht verlaufen, von Wolke zu Wolke. Der längste je gemessene war 829 Kilometer lang.

(715)

Durch Nilpferde sterben in Afrika doppelt so viele Menschen wie durch Löwen.

(716)

In Japan gilt es als peinlich, mit zerknitterten Banknoten zu zahlen. Manche Menschen bügeln ihre Scheine, um sich die Schmach zu ersparen.

(717)

80 Prozent der Sinneseindrücke, die im Gehirn ankommen, stammen von den Augen.

(718)

Laut einer Studie der OHIO STATE UNIVERSITY haben Blondinen den höchsten mittleren IQ, verglichen mit Frauen anderer Haarfarben. Ausserdem haben überdurchschnittlich viele Blondinen einen IQ über 125, besonders wenige einen IQ unter 85. Untersucht wurden weisse US-Frauen.

[→141, 189, 539, 600, 913]

(719)

Ältere Eiderenten legen selber nur noch wenige Eier. Dafür brüten sie gerne die Eier ihrer Töchter, Nichten und Enkelinnen aus.

(720)
Trainiert man einen bestimmten Arm- oder Beinmuskel, so profitiert stets auch der entsprechende Muskel im anderen Arm oder Bein (Crossing-Effekt). Wahrscheinlich liegt das daran, dass die Steuerung der gleichliegenden Muskeln im Gehirn eng verknüpft ist. Der Effekt lässt sich in der Reha nutzen, indem man bei einer Verletzung sofort auf der gesunden Seite mit dem Wiederaufbautraining beginnt.

(721)
Die Hälfte der Masse, die weltweit produziert wird, ist Beton.

(722)
Der Wechsel erfolgt ziemlich abrupt mit etwa 6 Jahren: Erzählt man 5-jährigen Mädchen eine geschlechtsneutrale Geschichte über eine sehr schlaue Person, halten sie diese mehrheitlich für weiblich. Schon für 6-jährige hingegen ist die Intelligenzbestie ein Mann.
[→733]

(723)
Wenn Frauen im Spital von einer Ärztin betreut werden, haben sie grössere Überlebenschancen als bei der Behandlung durch einen Arzt.
[→409, 864]

(724)

In Japan werden mehr Windeln für alte Menschen verkauft als für Babys.

(725)

Die Präsenz eines Smartphones stört die Konzentration – selbst wenn man es gar nicht nutzt. Sobald ein Smartphone sichtbar auf dem Tisch liegt, nimmt unsere kognitive Leistung ab. Dies gilt sogar dann, wenn es ausgeschaltet ist, mit dem Bildschirm nach unten liegt und jemand anderem gehört.

(726)

Bei Futtermangel fressen Kohlmeisen im Winter auch Zwergfledermäuse.

[→74, 251, 361, 383, 939, 948]

(727)

Wenn es sehr heiss und trocken ist, sind Ventilatoren kontraproduktiv: Sie bombardieren uns einfach mit noch mehr heisser Luft. Bei feuchter Hitze hingegen helfen sie zu kühlen, indem sie die Verdunstung des Schweisses erleichtern.

(728)

Walmütter flüstern mit ihren Kindern. So verhindern sie, von Fressfeinden wie Haien oder Orcas entdeckt zu werden.

(729)

Mütter unterschätzen die Grösse ihres jüngsten Kindes im Schnitt um 7½ Zentimeter. Die Illusion ist vermutlich angeboren und hat damit zu tun, dass das Kleinste besonders schutzbedürftig ist. Sobald die Mutter weiteren Nachwuchs zur Welt bringt, schätzt sie ihr nunmehr Zweitjüngstes richtig ein.

(730)

1971 waren 38 von 90 deutschen Kinoproduktionen Sexfilme.

(731)

In der Sprache des nordamerikanischen indigenen Volkes namens Tlingit werden Weisse «Schneemenschen» genannt und Schwarze «Holzkohlemenschen». Der Tlingit-Ausdruck für Milch heisst wörtlich «Kuh-Brust-Inneres-Essen» – einen Blitz nennen sie «Donnervogelblinzeln», eine Brille «Augendollar». Gott wird als «Oben-Häuptling» bezeichnet, der Teufel als «Unten-Häuptling», Rost ist «Eisenscheisse» und Grünspan «Kupferscheisse». [→104, 770]

(732)

Hungrige Richter urteilen schärfer. Nach einer Morgen- oder Mittagspause werden ihre Urteile wieder milder.

[→15, 598, 654]

(733)

Wenn man Kinder eine forschende Person malen lässt, so zeichnen 5- bis 8-Jährige zur Hälfte Frauen – 14- und 15-Jährige aber nur noch zu einem Fünftel. [→722]

(734)

Der menschliche Beckenknochen hört auch im Erwachsenenalter nicht auf zu wachsen. Allein durch diesen Effekt vergrössert sich der Hüftumfang zwischen dem 20. und 80. Lebensjahr im Schnitt um 6 Zentimeter. [→345, 421]

(735)

Ehen mit Töchtern werden häufiger geschieden als Ehen mit Söhnen. Der Grund dafür ist nicht etwa, dass Eltern Söhne bevorzugen. Vielmehr haben Paare mit einer bereits angespannten Beziehung häufiger eine Tochter als einen Sohn. Denn Mädchen sind zäher als Buben und können eine stressige Schwangerschaft eher überleben.

(736)
Nie wird so viel nach Sex gegoogelt
wie in der Weihnachtswoche.

[→564]

(737)
Mehr als die Hälfte aller 1-jährigen Kinder in Japan kommt bereits auf eine tägliche Bildschirmzeit von 1 Stunde oder mehr.

(738)
In Europa und Afrika haben die Menschen vorwiegend feucht-klebrigen Ohrenschmalz, bei den meisten Asiat:innen und amerikanischen Indigenen ist er trocken und bröselig.

(739)
In manchen schwedischen Dialekten gibt es ganze Sätze ohne Konsonanten. Etwa *I åa ä e ö, å i öa ä e å.* Was so viel bedeutet wie «Im Fluss ist eine Insel, und auf der Insel ist ein Fluss.» [→213, 457, 649, 710]

(740)
Mannsein ist gefährlich: Bei praktisch allen Todesursachen liegen die Männer zahlenmässig vor den Frauen. Die einzigen gewichtigen Ausnahmen sind Brustkrebs und Demenz. Die Wahrscheinlichkeit eines Unfalltodes ist in der Schweiz für Männer fast doppelt so hoch wie für Frauen, was mit dem Risikoverhalten zu tun hat. Bei den Ertrunkenen liegt der Männeranteil bei etwa 80 Prozent.

[→30, 325, 499, 802, 819]

(741)

Die Pflanzen der Welt sind
zusammengenommen etwa 225 Mal
so schwer wie alle Tiere und sogar
7500 Mal so schwer wie die Menschheit.

(742)

Das als Kuschelhormon bekannt
gewordene Oxytocin könnte
man getrost auch Treuehormon nennen:
Bei Männern sorgt ein erhöhter
Oxytocin-Level nämlich dafür, dass sie
die eigene Partnerin im Vergleich
zu anderen Frauen attraktiver finden.
Das Hormon wird etwa
bei Berührungen freigesetzt.

(743)

3 Rezepte, die man sich mit
einer einfachen Formel merken kann:

Omeletten: 4×1
(pro Person 1 Ei, 1 dl Wasser,
1 dl Milch, 100 g Mehl).
Mürbeteig für ein grosses
Blech: 2×250=500
(2 Eier, 250 g Butter, 500 g Mehl).
Linzertorte: 6×2
(2 Eier, 200 g Butter, 200 g Zucker,
200 g Mehl, 200 g gemahlene Nüsse,
200 g Himbeerkonfi).

(744)

In Italien gibt es 110 000 nationale
Gesetze, in der Schweiz 5000.

(745)

Bei einem 10-sekündigen Kuss werden 80 Millionen Bakterien übertragen. Diese können aus 700 verschiedenen Arten stammen.

(746)

Es ist kein Zufall, dass digitale Sprachassistent:innen meist weibliche Stimmen haben. Programmiert werden sie häufig von Männern, und in deren Kreationen spiegelt sich die Vorstellung von der Frau als unterwürfiger Helferin. Männer reden mit Alexa, Siri etc. oft in einer sexualisierten oder beleidigenden Sprache. Auf den Zuruf «Du bist eine Schlampe» antwortet Alexa mit «Nun, danke für das Feedback». Frauen hingegen berichten, sie hätten Mühe, von den Sprachassistentinnen überhaupt verstanden zu werden.

(747)

Honig kann nicht schimmeln.

(748)

Das japanische *Ageotori* ist ein Ausdruck für das Gefühl, nach einem Coiffeurbesuch schlechter auszusehen als davor.

(749)

Horst Schimanskis erster Satz
als Fernsehkommissar 1981:
«Hotte, du Idiot, hör auf.»
Sein letztes Wort beim Abschied von
«Tatort» 1991 war «Scheisse!».

(750)

Klapperschlangen können auch etliche
Minuten nach ihrem Tod
noch zubeissen. Dies gilt selbst für
abgetrennte Schlangenköpfe.
Offenbar bleiben die Wärmesensoren
am Kopf noch eine Weile aktiv
und lösen direkt den Beissreflex aus.

[→76]

(751)

Jede:r fünfte deutsche Jugendliche
hat noch nie vom Klimawandel gehört.

(752)

Mit 440 Trillionen Exemplaren ist
der Fadenwurm das häufigste
Tier auf Erden. Pro Mensch ergibt
das 57 Milliarden.

[→75, 569, 941]

(753)

Steht ein Unternehmen kurz vor
dem Abgrund, so steigt
die Wahrscheinlichkeit, dass eine Frau
auf einen Spitzenposten berufen
wird, um 50 Prozent. Plakativ gesagt:
Die Frauen werden verheizt.

(754)
2 von 3 Männern, die ein Kleidungsstück in der Umkleidekabine anprobieren, kaufen es nachher auch. Bei den Frauen ist es nur 1 von 4.

(755)
Die Vorstellung einer statischen Schneedecke ist falsch: Der Schnee ist ständig in Bewegung, seine Struktur permanent in Umwandlung begriffen. Überall bilden sich neue Schneekristalle und alte verschwinden – nur wenige Kristalle sind älter als 3 Tage.

(756)
Der jährliche Schnapsverbrauch stieg in der DDR von 4,4 (1955) auf 16,1 (1988) Liter pro Kopf – damaliger Europarekord.

(757)
Auf Tok Pisin, der verbreitetsten Sprache Papua-Neuguineas, heisst das Klavier
big bokis em i gat waitpela tit em i gat blakpela tit sapos yu paitim tit em i singaut tumas.
Was so viel bedeutet wie «grosse Box, die weisse und schwarze Zähne hat, gegen die man kämpfen muss und die viel zu viel singt».

(758)

Unser Katastrophengedächtnis ist kurz. Zwar bauen die meisten Menschen ihre Häuser nach einer schweren Überschwemmung an einem sichereren Ort wieder auf. Aber nur für eine Generation. Schon die nächste Generation kehrt wieder zu den gefährlichsten Siedlungsplätzen zurück.

(759)

Junge Schweizer Frauen mit Kindern arbeiten viel häufiger Teilzeit als Frauen ohne Kinder. Bei Männern ist es umgekehrt: Wer Kinder hat, arbeitet mehr.

(760)

«Nebel» heisst auf Tschechisch *mlha,* auf Slowakisch aber *hmla.*

(761)

Keine Angst vorm bösen Wolf: Die Wahrscheinlichkeit, von einer Mücke getötet zu werden, ist mindestens 100 000 Mal grösser.

[→88, 173, 283, 354, 519, 543]

(762)

Doktorierende sind mit ihrem Leben weniger zufrieden als Fabrikarbeiter:innen. 24 Prozent leiden an einer Depression, 17 Prozent an einer Angststörung.

(763)
Cristiano Ronaldo verdiente 2025 etwa
275 Millionen Dollar – doppelt
so viel wie alle Profis im Frauenfussball
zusammen.

(764)
In Berlin gibt es etwa gleich
viele Nachtigallen wie in ganz Bayern.
[→826]

(765)
Bauchschläfer:innen haben besonders häufig erotische Träume. Sie träumen aber auch überdurchschnittlich oft vom Ersticken und Eingeschlossensein.

(766)
Shampoos ohne Schaum waschen genauso gut wie mit. Der Schaum ist nur dazu da, die Kundenerwartungen zu erfüllen.

(767)
Die Königinnen mancher Ameisenarten tun ihr langes Leben lang nichts anderes, als alle 2 bis 3 Sekunden ein Ei zu legen. Weltmeister sind dabei die Wanderameisen: Eine einzige Königin kann auf bis zu 300 Millionen Nachkommen kommen.

(768)
Blind geborene Menschen können nicht schizophren werden.
[→691]

(769)
Je mehr ältere Brüder ein Mann hat, desto eher ist er homosexuell. Der Effekt ist ziemlich gross, der Grund dafür unbekannt. Ältere Schwestern hingegen haben keinen Einfluss. Auch gibt es bei der weiblichen Homosexualität kein vergleichbares Phänomen.

(770)

Das Wort *mamihlapinatapai* stammt aus einer praktisch ausgestorbenen Sprache aus Feuerland und bedeutet soviel wie «der Blick zwischen 2 Menschen, die wollen, dass der andere etwas tut, was sich beide wünschen, aber keiner zu initiieren wagt».

[→104, 731]

(771)

Wer sich einsam fühlt, duscht und badet häufiger.

(772)

Pro Jahr verbraucht die Menschheit mehr als 100 Milliarden Tonnen Material aus dem Boden, etwa Kies, Erdöl oder Eisen. Nur 7 Prozent davon werden recyclet.

(773)

Wenn ein Kleinkind beim Stiefvater aufwächst, ist das Risiko, dass es getötet wird, 6 Mal so hoch wie beim leiblichen Vater.

[→294]

(774)

Das Römische Reich mit seinen bis zu 80 Millionen Einwohner:innen wurde von bloss 10 000 Beamten verwaltet.

(775)

Die meisten Menschen können
nicht mehr als 5 sehr enge Beziehungen
gleichzeitig führen. Oft handelt
es sich dabei um den Partner oder die
Partnerin, 2 weitere Familienmitglieder
plus 2 Freund:innen.
Wer eine Affäre hat, vernachlässigt
eine Freundschaft.

(776)

Wenn man Kinder für ihre Intelligenz
lobt, neigen sie anschliessend
zum Schummeln.
Besser ist es, Lob nur für konkrete
Leistungen auszusprechen.

[→17, 478]

(777)

Wenn Oktopusse träumen,
wechseln sie die Hautfarbe.

(778)

Die Form des Glases hat einen grossen
Einfluss auf die Trinkgeschwindigkeit.
Die Teilnehmer:innen eines
Experiments tranken ein kleines Bier
aus einem normalen Glas im Schnitt
in 13, aus einem Weizenbierglas
(oben breiter) aber in bloss 8 Minuten.

[→281]

(779)

Je digitaler ein Unternehmen,
desto unzufriedener die Angestellten.

(780)
Ein durchschnittliches Ejakulat hat einen Energiewert von 6 Kilokalorien – das ist etwa ein Hundertstel einer Tafel Schokolade.

(781)
Von 2000 bis 2022 nahmen die Sozialausgaben in der Schweiz um 71 Prozent zu.

(782)
Kondore können mehr als 100 Kilometer fliegen, ohne mit den Flügeln zu schlagen.

(783)
Wanderalbatrospaare bleiben ihr Leben lang zusammen – Scheidungen sind sehr selten. Stirbt ein Tier, so kann es 4 Jahre dauern, bis sich der oder die Hinterbliebene wieder vermählt. Hingegen ist sexuelle Untreue auch bei Albatrossen weit verbreitet. [→257, 946]

(784)
Die Nutzung eines Gasherds verkürzt das Leben im Schnitt um 2 Jahre.
[→202]

(785)
Unattraktive Forscher:innen wirken glaubwürdiger.

(786)

Secondhandkleider heissen in Ghana *obroni wawu* – wörtlich übersetzt: «der weisse Mann ist gestorben». Als vor 60 Jahren erstmals entsprechende Ware aus Europa kam, konnten sich die Ghanes:innen nicht vorstellen, dass ein lebendiger Mensch tragbare Kleider einfach so wegschmeisst.

(787)

In Zürich regnet es an 130 Tagen im Jahr, in London an 112.

(788)

Fast 97 Prozent der jungen Männer in Seoul sind kurzsichtig. Allgemein haben Jugendliche in Südostasien schlechte Augen, was vor allem daran liegt, dass sie zu wenig ans Tageslicht kommen.

(789)

In den 1980er-Jahren hatte Myanmar (damals: Burma) die ungewöhnlichsten Banknoten der Welt – was auf den astrologiegläubigen Diktator Ne Win zurückgeht.
So liess er zu seinem 75. Geburtstag eine 75-Kyat-Note herausgeben. Später ersetzte er 50er- und 100er-Noten durch 45er- und 90er-Noten, weil er davon überzeugt war, die 9 sei seine Glückszahl.

(790)

Nach dem Kinostart des DISNEY-Films «The Princess and the Frog» (2009) wurden in den USA mehr als 50 Kinder mit Salmonellenvergiftung ins Spital gebracht, die meisten von ihnen Mädchen unter 10 Jahren. Grund: Sie hatten nach dem Vorbild des Filmes einen Frosch geküsst.

[→809, 828]

(791)

Autodidakt:innen, die zum Tippen nur wenige Finger benutzen, schreiben im Schnitt gleich schnell wie Menschen, die das Zehnfingersystem beherrschen. Sie machen auch nicht mehr Tippfehler.

(792)

Manche Pilze verschiessen ihre Samen mit unglaublicher Kraft. Die schnellsten Sporen kommen auf eine Geschwindigkeit von 130 Stundenkilometern und legen pro Sekunde mehr als 1 Million Mal ihre eigene Körperlänge zurück. Beschleunigungs-Weltrekordhalter ist der Getreidepilz *Gibberella zeae:* Er verschiesst seine Sporen mit 870 000-facher Erdbeschleunigung – Gewehrkugeln erreichen nur ein Zehntel davon. [→18, 309, 650, 949]

(793)

Einige platzsparende deutsche Adjektive, die sich nur umständlich in andere Sprachen übersetzen lassen:

gentechfrei
wasserscheu
lustfeindlich
atomwaffenfähig
rollstuhlgängig
kaufkraftbereinigt
fallzahlenneutral

(794)

Bei den meisten Frauen stösst erotische Werbung auf Ablehnung. Eine Ausnahme sind Luxusgüter: Hier reagieren Frauen nicht so negativ. Psychologen erklären dies damit, dass Frauen sich wünschten, dass Sex als etwas Exklusives wahrgenommen wird und einen entsprechend hohen Preis hat.

(795)

Psychopathen sind immun gegen ansteckendes Lachen.

(796)

Menschen mit teuren Autos bremsen an Fussgängerstreifen seltener, hat eine Untersuchung aus San Francisco ergeben. Überdies missachten sie an Kreuzungen häufiger den Vortritt.

(797)

3 der 10 meistverkauften Bücher aller Zeiten stammen vom chinesischen Diktator Mao. Ein Gedichtband von ihm soll 400 Millionen Mal gedruckt worden sein, eine Zitatsammlung gar 1 Milliarde Mal. Auf mehr Exemplare bringt es nur die Bibel.

(798)

Das @-Zeichen heisst auf
Deutsch auch Affenschwanz,
auf Finnisch: Katzenschwanz,
auf Isländisch: Elefantenohr,
auf Italienisch: Schnecke,
auf Russisch: Hündchen,
auf Ungarisch: Wurm und
auf Griechisch: Entchen.

[→839]

(799)

«Wie heisst das Junge vom Hirsch?» Ein Drittel der deutschen Schüler:innen gaben auf diese Frage gar keine, fast zwei Drittel eine falsche Antwort. Die häufigsten Antworten waren Kitz (so heisst das Junge vom Reh), Rehkitz, Reh, Rehkid, Kid und Bambi. Zur Klarstellung: Das Reh ist weder die Frau noch das Kind des Hirschs. Und das Junge vom Hirsch heisst Kalb – das wussten nur 6 Prozent der Befragten.

[→249, 912]

(800)

Alles Gold, das je auf Erden gefördert wurde, hätte in einem Würfel mit einer Kantenlänge von gut 22 Metern Platz.

(801)

Beim Blinzeln sind die Augen etwa eine halbe Sekunde geschlossen. Deswegen verpassen wir von jeder Stunde Film etwa 6 Minuten. Das Gehirn steuert das Blinzeln aber so, dass uns möglichst wenig Entscheidendes entgeht.

[→222]

(802)
Nonnen und Mönche leben fast gleich lang, der Unterschied beträgt nur gut ein Jahr. Was beweist, dass die Geschlechterdifferenz bei der Lebenserwartung nicht von den Genen herrührt, sondern grösstenteils vom männlichen Verhalten.
[→30, 325, 499, 740, 819]

(803)
Die beste Umgebung zum Kreativsein ist ein dunkler Raum mit einem kleinen, fokussierten Arbeitslicht. Offenbar fühlen wir uns in der Dunkelheit weniger gehemmt und lassen unseren Gedanken freien Lauf. Für analytische Arbeit hingegen ist helles Licht vorteilhaft.
[→193, 230]

(804)
In Malaysia müssen Lehrer:innen ihre Schüler:innen seit einigen Jahren regelmässig wägen. Der errechnete Body-Mass-Index wird dann zusammen mit den Noten ins Zeugnis geschrieben.

(805)
Singles mit Hund haben ein um ein Drittel tieferes Sterberisiko als Singles ohne Hund.
[→586]

(806)

Die 29 US-Bundesstaaten mit dem höchsten CO_2-Ausstoss pro Kopf haben bei den Präsidentschaftswahlen 2024 alle für Trump gestimmt – die 14 klimafreundlichsten alle für Harris.

(807)

Eine eng gebundene Krawatte reduziert den Blutfluss zum Gehirn um gut 7 Prozent.

[→8, 426]

(808)

Absätze machen attraktiv: Eine Frau in High Heels wird in einer Bar im Schnitt nach gut 7 Minuten von einem Mann angesprochen – in Low Heels dauert es bei ein- und derselben Frau fast doppelt so lange.

[→379, 545, 585, 669]

(809)

90 Prozent der Heimreptilien sind mit Salmonellen infiziert.

[→790, 828]

(810)

Ist es Zufall, dass Kasimir Malewitsch ausgerechnet zum Maler wurde, Kaspar Bienefeld zum Bienenforscher, Karl Menger zum Mengentheoretiker und Ludwik Fleck zum Fleckfieberexperten?

[→172, 451, 619]

(811)

Das Gegenstück zu Seifenblasen in der Luft sind dünnschichtige Luftblasen im Wasser. Statt aus einer Seifenschicht mit Luft innen und aussen rum bestehen sie aus einer Luftschicht mit Seifenwasser innen und aussen rum.

(812)

Koalas haben individuelle Fingerabdrücke, die den unseren verblüffend gleichen. Selbst unter einem Mikroskop kann man einen Koalafingerabdruck kaum von einem menschlichen unterscheiden. [→218]

(813)

Die Spritzkanne heisst im Unterengadiner Romanisch *sprinzel,* im Oberengadin *sprüz.*

[→137, 441, 623]

(814)

Auf fast jedem menschlichen Gesicht leben mehrere 100 Milben, die von blossem Auge unsichtbar sind. Die Tierchen ernähren sich von Talg und Hautpartikeln – für unsere Gesundheit sind sie meist unbedenklich.

(815)

Weltweit haben die Menschen
immer weniger Sex. Beispiel USA:
Da stieg die Zahl männlicher Jugend-
licher (14 bis 17) ohne Sex und
Masturbation von 2009 bis 2018
von 29 auf 43 Prozent, bei den
weiblichen von 50 auf 74 Prozent.

[→675]

(816)

Das längste Wort, das regelmässig
in deutschen Texten vorkommt,
hat 67 Buchstaben:
Grundstücksverkehrsgenehmigungs-
zuständigkeitsübertragungs-
verordnung.

[→124]

(817)

In der Schweiz leben etwa 2½ Millionen
Ausländer:innen – 3 Mal so viele
wie in China. Auf 1000 Schweizer:innen
kommen 377 Ausländer:innen,
auf 1000 Chines:innen nur 0,6.
Der Ausländeranteil von 0,06 Prozent in
China ist einer der tiefsten der Welt.

(818)

Wenn Katzen fleisch- statt
pflanzenreiches Futter bekommen,
bringen sie ein Drittel weniger Mäuse
und Vögel nach Hause.
Auch regelmässiges Spielen hält sie
vom Jagen ab.

(819)

Wenn ein Mann fährt, so entstehen pro Kilometer doppelt so viele Unfalltote wie bei einer Frau. Das gilt für Auto- wie auch für Velofahrer.

[→30, 325, 499, 740, 802]

(820)

Phobophobie bezeichnet in der Psychologie die Angst vor der Angst.

(821)

Unser Sozialleben folgt gewissen Regeln. Je näher eine Freundin wohnt, desto häufiger sehen wir uns – logisch. Es gilt aber auch: Je näher sie wohnt, desto häufiger rufen wir an. Über Distanzen von mehr als 160 Kilometer telefonieren wir selten.

(822)

Auf den Färöer-Inseln werden pro Kopf mehr als 12 Tonnen Fisch im Jahr gefangen.

(823)

Nicht nur Babys, auch Erwachsenen hilft regelmässiges Schaukeln beim Ein- und Durchschlafen. Geschaukelte haben längere Tiefschlafphasen und schneiden am nächsten Morgen bei Gedächtnistests besser ab.

(824)

Türkischer Zungenbrecher:
İt iti itti, bit iti itti, it biti itti. Bit gitti, it gitti. İtti, bitti, gitti.
(Der Hund stiess den Hund, der Floh stiess den Hund, der Hund stiess den Floh. Der Floh ging, der Hund ging. Fertig, aus, Schluss.)

[→38, 130, 707, 866]

(825)

Schweine werden darauf hingezüchtet, immer mehr Junge zu haben. Am extremsten ist die Situation in Dänemark: Hier stieg in den letzten gut 30 Jahren die Anzahl Ferkel pro Wurf von 11 auf 18. Weil Sauen aber nur 14 Zitzen haben, stirbt ein immer grösserer Anteil in den ersten Lebenswochen.

(826)

Stadtnachtigallen singen werktags lauter als sonntags.

[→764]

(827)

Schenken macht glücklich: Es aktiviert im Gehirn dieselben Prozesse wie Schokolade oder Sex. Experimente in sehr unterschiedlichen Kulturen haben gezeigt, dass Menschen zufriedener sind, wenn sie Geld für jemand anderen ausgeben als für sich selbst.

[→33, 307, 338, 351, 551]

(828)

Kröten produzieren ein Gift, das Halluzinationen hervorruft. Vor allem unter Jugendlichen gilt das Lecken von Kröten daher mancherorts als kultige Form des Drogenkonsums. Was nicht ganz ungefährlich ist, da das Gift in grösseren Mengen tödlich wirken kann. In Kalifornien ist Krötenlecken sogar verboten.

[→440, 455, 643, 790, 809]

(829)

Braune Federn, braune Eier – weisse Federn, weisse Eier? Nein, das Gefieder hat bei Hühnern nichts mit der Eierfarbe zu tun. Hingegen kann man den Unterschied an den Ohren erkennen: Hühner mit roten Ohrläppchen legen braune Eier, solche mit weissen Ohrläppchen weisse.

(830)

Schon länger ist bekannt, dass gegen Schmerzen auch eine Placebosalbe wirken kann, die keinen Wirkstoff enthält. Eine Studie hat nun gezeigt: Es funktioniert sogar dann, wenn man sie gar nicht aufträgt. Um Schmerzlinderung zu erfahren, reicht es schon, die Salbe von einer medizinischen Fachperson ausgehändigt zu bekommen.

(831)

Enthaltsame Fruchtfliegenmännchen bevorzugen alkoholreiches Futter. Sexuell befriedigte Fliegen zeigen eine viel geringere Neigung zum Alkohol.

[→110, 256, 307, 368, 443, 614, 852]

(832)

Aufgepasst bei irischen Toiletten: Hier steht oft «F» für Männer und «M» für Frauen! Das ist keine absichtliche Irreführung, sondern Gälisch: *Fir* = Männer, *Mná* = Frauen.

[→209, 639, 888]

(833)

Die Vielfalt der Satzzeichen nimmt dramatisch ab. Jeder vierte Schulaufsatz operiert heute ausschliesslich mit Punkt und Komma. Der Strichpunkt ist praktisch ausgestorben.

(834)

Etwa jeder zehnte Mensch hat einen sogenannten Darwinhöcker: einen kleinen Knorpelbuckel unterhalb des höchsten Punkts der Ohrmuschel. Er gilt als evolutionäres Überbleibsel des spitzen Säugetierohres.

(835)

Bis zum Jahr 2030 könnte sich ein Drittel Siziliens in Wüste verwandeln.

(836)

Kleider wirken auf das Gehirn: Wer ein Superman-Shirt trägt, fühlt sich seinen Mitmenschen überlegen. Ganz anders die Wirkung von Arztkleidung: Wer sich einen weissen Kittel überzieht, schneidet in Aufmerksamkeitstests besser ab. Offenbar steigert das Arztgefühl unwillkürlich die geistige Flexibilität.

(837)

Velofahrer:innen ist es verboten, sich von Tieren ziehen zu lassen (Artikel 46 des Schweizer Strassenverkehrsgesetzes).

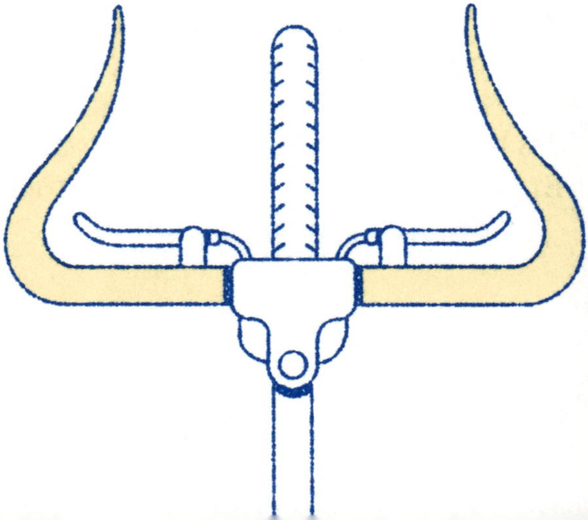

(838)

Ausgiebiges Fluchen lindert Schmerzen – bei Frauen sogar noch mehr als bei Männern.

(839)

«Sich französisch verabschieden» heisst auf Englisch *to take French leave.* Auf Französisch ist es genau umgekehrt: *filer à l'anglaise* (auf englische Art verschwinden). Offenbar handelt es sich um eine bewusste sprachliche Retourkutsche. [→327, 548, 849]

(840)

Menschen bevorzugen Partner:innen mit ähnlicher Nasenbreite und Ohrläppchenlänge. [→257, 341, 560]

(841)

In manchen US- oder kanadischen Städten machen Fehlanrufe bis zur Hälfte aller Notrufe aus. Viele davon gehen auf *butt dialing* zurück – also auf Telefone, die sich in der Hosentasche selbständig machen.

(842)

Der berühmte Biologe Konrad Lorenz widmete das Werk «Das sogenannte Böse – zur Naturgeschichte der Aggression» seiner Frau.

(843)

26 Prozent aller Volksabstimmungen weltweit seit 1790 fanden in der Schweiz und Liechtenstein statt.

(844)

Niedlichkeit wirkt direkt auf das Gehirn – ihrem Reiz können wir uns kaum entziehen. Das ist vermutlich der Grund, warum sich das Aussehen von Micky Maus, aber auch von vielen Teddybären über die Jahrzehnte immer mehr dem Kindchenschema angenähert hat.

(845)

Eine einzige schlaflose Nacht wirkt auf den Insulinhaushalt ähnlich wie 6 Monate fettiges Essen.

(846)

Kängurus schlafen gern auf dem Rücken. [→876]

(847)

Da wirkt die Geografie auf die Sprache: In den südlichen Ländern gelten die aus Afrika zurückkehrenden Schwalben eher als Frühlings-, bei uns hingegen als Sommerboten. So sagt man in England, Schweden und im deutschsprachigen Raum «eine Schwalbe macht noch keinen Sommer» – in Italien und Frankreich hingegen «eine Schwalbe macht noch keinen Frühling».

(848)

Wenn wir beim Gehen nachdenken, schwingt der rechte Arm weniger stark mit.

(849)

Die Schweizer Redensart *är wott s Füfi und s Weggli* hat keine hochdeutsche Entsprechung, aber eine italienische: *vuole la botte piena e la moglie ubriaca* (er will das volle Fass und die betrunkene Frau).

[→970]

(850)

Wenn Frauen an einem gebrauchten T-Shirt ihres Partners riechen, reduziert sich ihr Stresshormonpegel. Der Geruch fremder Männer hingegen erhöht den Stress.

[→867]

(851)

Wer spät zur Arbeit kommt, wird von den Vorgesetzten für unzuverlässig gehalten. Der schlechte Eindruck ist nachhaltig und lässt sich auch durch eine bessere Leistung oder eine längere Arbeitszeit nicht wettmachen.

(852)

Afrikanische Fliegen halten Siesta, skandinavische nicht.

[→337, 368, 443, 614, 831]

(853)

Dampf ablassen ist kontraproduktiv: Es macht die Wut eher noch stärker. Besser ist es, einfach ruhig zu warten, bis die Aggression nachlässt.

[→44, 158, 272, 602]

(854)

Altruistische Menschen leben länger und haben mehr Sexpartner.

(855)

Alkohol fördert den sozialen Zusammenhalt – allerdings bloss in reinen Männergruppen. Experimente haben gezeigt, dass ein Lächeln unter Männern deutlich ansteckender wirkt, sobald sie getrunken haben. Sitzt auch nur eine einzige Frau mit am Tisch, so verschwindet der Effekt.

(856)

Einige Flurnamen aus der Umgebung von Salgesch und Leuk (VS):

Glüdrü, Grächtaplangna, Grifileggini, Groggrü, Maarunggli, Murmiltangil, Pärätu, Pfarschong, Pflantschang, Praderotschi, Preggontji, Priischubosso, Prupräsu, Taschunieru, Tschachtela, Tschampedü, Tschanderünu, Tschangerang, Tscharasina, Tschärmilonga, Tschärminiriwald, Tscholischumme, Tschüdanga, Tschuggelrost, Turriljini.

(857)
80 Prozent der Weltbevölkerung sind noch nie geflogen.

(858)
Die griechische Nationalhymne hat 158 Strophen.

(859)
Die Hälfte der weltweiten Produktion erfolgt auf bloss 1,5 Prozent der Landfläche der Erde. Kairo etwa nimmt 0,5 Prozent der Fläche Ägyptens ein, erarbeitet aber fast die Hälfte des Bruttoinlandprodukts.

(860)
In den letzten 30 Jahren hat sich der Energieverbrauch für die Raumkühlung weltweit verdreifacht. Bis 2050 dürfte er sich abermals verdreifachen.

(861)
In der Schweiz gibt es schätzungsweise 45 000 Bengalkatzen – die Zahl hat sich seit 2016 verdreifacht. Es handelt sich um eine Kreuzung aus Haus- und asiatischen Wildkatzen. Ihre wilden Gene machen Bengalkatzen zu einer besonderen Gefahr nicht nur für Mäuse, Vögel und Eidechsen, sondern auch für die Nachbarskatzen.

(862)
Je mehr Geld sich in einem verlorenen Portemonnaie befindet, desto eher bekommt man es zurück.

(863)
Es gibt einen Zusammenhang zwischen Konjunktur und Körperform: In Krisenjahren ist das *Playmate of the Year* des PLAYBOY-Magazins älter und kurviger als zu Boomzeiten.

[→708]

(864)
Die empfohlene Dosierung für Herzschwächemedikamente stimmt nur für Männer. Für Frauen wäre meist die Hälfte die ideale Dosis.

[→409, 723]

(865)
Mäuseweibchen regen ihre Männchen mit Ultraschallrufen dazu an, sich um den gemeinsamen Nachwuchs zu kümmern.
Ohne diese Aufmunterung verlieren die Väter sehr rasch das Interesse an ihren Kindern.

(866)
Der finnische Zungenbrecher *Ääliö, älä lyö! Ööliä läikkyy!* bedeutet: «Nicht schlagen, du Idiot! Das Bier wird überschwappen!»

[→38, 130, 707, 824]

(867)

72 Prozent der Frauen (aber nur 26 Prozent der Männer) haben schon mal mit oder in einem Kleidungsstück des Partners geschlafen. Der Duft des Geliebten macht glücklich und verbessert die Schlafqualität.

[→850]

(868)

70 Prozent aller Darmgase sind verschluckte Luft. Weitere 20 Prozent diffundieren aus dem Blut – nur 10 Prozent stammen aus der Verdauung.

[→607]

(869)

Das schwedische *buksvägerskor* (Bauchschwägerinnen) bezeichnet Frauen, die mit derselben Person geschlafen haben. Der entsprechende Ausdruck für Männer ist *buksvågrar* (Bauchschwager).

(870)

Manche Kakerlakenarten leben monogam. [→359]

(871)

In den «Metamorphosen» des Ovid, einer berühmten Sammlung antiker Stoffe, werden mehr als 50 Fälle von versuchter oder vollzogener Vergewaltigung geschildert.

(872)

Am 7.9.1946, dem Tag der Einweihung der Sustenpassstrasse, überquerten 15 000 Autos den Pass – ein Achtel des damaligen Fahrzeugbestands der Schweiz.

(873)

Rangliste der Körperstellen, wo Bienenstiche am meisten schmerzen:

1. Nasenflügel
2. Oberlippe
3. Penis
4. Hodensack
5. Handinnenfläche
6. Wange
7. Achselhöhle
8. Brustwarze
9. Mittelfingerspitze
10. Bauch

Die Wertung stammt aus einem Selbstversuch eines Studenten der amerikanischen CORNELL-UNIVERSITÄT. Zum weiblichen Körper gibt es noch keine Daten – Mutige vor!

(874)

Das englische *jump* (Sprung) ist eng verwandt mit unserem *Gump*. Das Schweizerdeutsche Wort existierte schon im Mittelalter und hat sich seither nicht verändert.

(875)

Die Beutetiere des Menschen wurden kontinuierlich kleiner. Vor 1½ Millionen Jahren ernährten sich unsere Vorfahren im Gebiet des heutigen Syrien und Israel vornehmlich von Elefanten. Dann wechselten sie zu Wildpferden, Hirschen und Gazellen, bis sie vor 10 000 Jahren bei Hasen und Schildkröten anlangten. Der Grund für den Wechsel war stets der gleiche: Die grösseren Tiere waren ausgerottet.

(876)

See-Elefanten sind Rückenschläfer.

[→846]

(877)

Die Sonne macht Flirtversuche erfolgreicher, wie ein wissenschaftliches Experiment gezeigt hat. Bei Sonnenschein hat ein Proband von 22 Prozent der auf der Strasse angesprochenen Frauen die Telefonnummer erhalten. An bewölkten, aber keineswegs kalten oder regnerischen Tagen waren es nur 14 Prozent. [→203, 259, 358]

(878)

Das Ausblasen der Kerzen erhöht die Bakterienzahl auf einem Geburtstagskuchen um das 14-Fache.

(879)

Einige wenig bekannte Heiratsjubiläen:

9 Monate – Bierhochzeit
2 Jahre – Baumwollhochzeit
6 Jahre – Zuckerhochzeit
12½ Jahre – Petersilienhochzeit
14 Jahre – Elfenbeinhochzeit
37½ Jahre – Aluminiumhochzeit
66 Jahre – Schnittlauchhochzeit
81 Jahre – Kakaohochzeit
100 Jahre – Himmelshochzeit*

(*Auf die allererste wartet die Welt immer noch.)

(880)

Wir haben eine grundsätzliche Abneigung gegen fremde Meinungen. Mehr als die Hälfte aller Menschen lehnen sogar ihre eigenen Argumente ab, wenn sie von jemand anderem geäussert werden.

(881)

1376 gab es in Hamburg 457 Brauereien – bei weniger als 10 000 Einwohner:innen.

(882)

Ein durchschnittlicher Erwachsener wird jedes Jahr ein halbes Kilo schwerer, auch wenn er immer gleich viel isst. Die Gewichtszunahme lässt sich nur mit sehr viel Sport aufhalten: mindestens 60 Minuten pro Tag.

(883)

Schmetterlinge können sich an manche Dinge erinnern, die sie als Raupe gelernt haben.

[→243]

(884)

Das Lächeln auf Kindheitsfotos sagt das Eheglück vorher. Menschen mit einem besonders breiten Lächeln heiraten häufiger, sind zufriedener in der Ehe und haben tiefere Scheidungsraten.

(885)

Jede Zigarette senkt die Lebenserwartung um 20 Minuten. Ebenso jede Stunde, die man vor dem Fernseher verbringt.

(886)

Das Jassen ist keine Schweizer Erfindung, wir haben es im 18. Jahrhundert aus Holland übernommen. Die Ausdrücke «Jass» und «Näll» stammen aus dem Niederländischen.

(887)

Kleine Männer neigen viel stärker zur Eifersucht als grosse. Besonders eifersüchtig sind Männer unter 1,70 Meter, während jene über 1,90 in dieser Beziehung ziemlich entspannt sind.

(888)

To sail through an exam bezeichnet genau das Gegenteil von «durch eine Prüfung segeln». Die englische Redewendung bedeutet, eine Prüfung mit Leichtigkeit zu bestehen.

[→209, 639, 832]

(889)

Beim gemeinsamen Essen mit einem Mann nimmt eine Frau weniger Kalorien zu sich als mit einer anderen Frau. In gemischten Gruppen gilt: Je höher der Männeranteil, desto weniger nahrhaft das Menü, das Frauen bestellen. Offenbar wollen sie bei potenziellen Partnern einen guten Eindruck machen. Bei Männern gibt es keinen entsprechenden Effekt.

(890)
Obwohl sie objektiv gesehen viel mehr Krankheiten haben, fühlen sich die Bewohner:innen des ärmsten indischen Bundesstaats, Bihar, gemäss Befragungen deutlich gesünder als die US-Amerikaner:innen.

(891)
Das solothurnische Beinwil heisst im Volksmund *Beibel* – die aargauischen hingegen *Böiu* (Beinwil am See) und *Böiel* (Beinwil im Freiamt).

(892)
1993 trugen noch 77 Prozent der Türken einen Schnurrbart, 2011 nur noch 34 Prozent.

(893)
Schokolade enthält cannabisähnliche Stoffe – das trägt womöglich dazu bei, dass sie eine gewisse Suchtwirkung hat. Um einen richtigen Rausch zu bekommen, müsste man allerdings mindestens 20 Kilo Schokolade verzehren.

(894)
Für 80 Prozent der amerikanischen Jugendlichen ist finanzielle Sicherheit wichtig, für weniger als 50 Prozent ein sinnerfülltes Leben. 1970 waren die Präferenzen noch genau umgekehrt.

(895)

Sei es der IQ oder das Autofahren: Die meisten Menschen im Westen halten ihre Fertigkeiten für überdurchschnittlich – in Ostasien nicht. So schätzen beispielsweise japanische Studierende im Mittel, dass 50 Prozent ihrer Mitstudierenden besser sind als sie.

(896)

Hobbys, die Frauen bei Männern besonders attraktiv finden: Kochen (79 Prozent), Theater (63 Prozent), Fitness (55 Prozent).
Am unattraktivsten sind Fallschirmspringen (12 Prozent), Fahrzeugtuning (6 Prozent) und Computerspiele (3 Prozent).

(897)

Der älteste bekannte Baum der Welt ist eine 9550 Jahre alte Rottanne in Schweden.
Sie heisst «Old Tjikko» – benannt nach dem Hund ihrer Entdeckerin.

(898)

Einige wenig bekannte deutsche Fremdwörter im Englischen: *berufsverbot, fahrvergnügen, gemütlichkeit, grosswetterlage, kaffeeklatsch, katzenjammer, kummerspeck, lederhosen, lumpenproletariat, ordnungspolitik, sprechgesang, wirtschaftswunder, zwieback.*

(899)
Nicht überall ist die Trauer schwarz:
In Griechenland etwa ist sie
mit Lila assoziiert. Und in China wird
zu Beerdigungen Weiss getragen.

(900)
Die Missionarsstellung ist bei Tieren
nicht besonders populär.
Soviel man weiss, wird sie nur von
Bonobos regelmässig praktiziert,
gelegentlich auch von Gorillas und
Gürteltieren.

(901)
Rote Katzen sind meist Männchen,
3-farbige Katzen fast immer Weibchen.

(902)
75 Prozent aller falschen Verurteilungen
in den USA gehen auf Fehler von
Augenzeug:innen zurück. Besonders
verheerend sind Gegenüberstellungen:
Experimente haben gezeigt, dass
bis zu drei Viertel der Augenzeug:innen
auch dann einen Täter identifizieren,
wenn sich dieser gar nicht
unter den Aufgereihten befindet.
[→295]

(903)
Auch Schaben haben eine Persönlichkeit:
Es gibt unter ihnen Draufgängerinnen
und Angsthasen.

(904)

Man spricht von sogenannten «Phantom-Vibrationen»: 90 Prozent der Menschen glauben hin und wieder das Summen ihres Handys zu verspüren, obwohl es gerade absolut ruhig ist.

(905)

Einige Wörter mit 3 «ei»:

Beinfreiheit
Einheitsbrei
Eiszeitkleid
eiweissreich
freiheitsreif
Geilheitsschrei
Scheinweisheit
treibeisfrei
Zeiteinheit

(906)

2 Zeilen aus der armenischen Nationalhymne:
«Der Tod ist überall derselbe /
Jeder stirbt nur einmal.»

(907)

Sandkästen sind auch bei Hunden und Katzen beliebt. Pro Quadratmeter Sandfläche fanden japanische Forscher durchschnittlich 35 Exkremente. Im Mittel kam es in jedem Sandkasten täglich zu 2,3 Darmentleerungen von Katzen. [→430, 635]

(908)

Die menschliche Vaginalflora ist einzigartig im Tierreich: Sie besteht hauptsächlich aus Milchsäurebakterien. Diese spielen auch beim Fermentieren von Lebensmitteln eine wichtige Rolle. Womöglich haben sie uns besiedelt, als wir sesshaft wurden und begannen, Essen haltbar zu machen. Die Bakterien schützen Lebensmittel vor dem Verderben – und die Vagina vor Infektionen. [→511]

(909)

Besorgte Eltern sind paradoxerweise oft die Verursacher von Unfällen ihrer Kinder – zumindest in den USA, wo man schon mit 16 Jahren alleine Auto fahren darf. In dieser Alterskategorie sind bei Unfällen besonders häufig Handys im Spiel. Sehr oft sind es dabei die Eltern, die anrufen. Die Jugendlichen fühlen sich gedrängt, die Anrufe entgegenzunehmen, weil sich die Eltern sonst Sorgen machen würden.

[→119, 207]

(910)

Die Zahl der Menschen, die über Politik reden, sank von 2015 bis 2022 um 24 Prozent – die Zahl jener, die News auf Social Media teilen, gar um 29 Prozent.

(911)

Römischer Beton ist für
die Ewigkeit gemacht:
Viele 2000-jährige Bauten, etwa das Pantheon in Rom, stehen noch heute. Das Geheimnis ihrer Mauern sind beigemischte Kalkklümpchen, die man lange für Verunreinigungen hielt – die aber in Wahrheit dazu führen, dass sich Risse von selbst wieder schliessen. Der römische Beton ist also selbstheilend.

(912)

Wie viele Eier legt ein Huhn pro Tag? Nur 19 Prozent der deutschen Jugendlichen kennen die richtige Antwort: 1.
28 Prozent tippen auf mehr als 3, 5 Prozent gar auf mehr als 10 Eier pro Tag. [→249, 799]

(913)

Junge Männer mit tiefem IQ sterben doppelt so oft bei Verkehrsunfällen, 3 Mal so oft durch Ertrinken und 6 Mal so oft durch Vergiftungen als solche mit hohem IQ.

[→141, 539, 718]

(914)

Die meisten Menschen sind nicht nur Rechtshänder-, sondern auch Rechtsohrer:innen. Das kann man etwa in der Disco beobachten: Um besser zu verstehen, dreht einem die Mehrheit das rechte Ohr zu.

[→518, 529]

(915)

Nikotin verengt die Blutgefässe – es fliesst nur noch wenig Blut und Wärme in die Peripherie. Schon nach dem ersten Zug an der Zigarette kann die Hauttemperatur um mehrere Grad abnehmen.

(916)

Spitzensprinter brauchen einen grossen Hintern: Sehr gute Athleten unterscheiden sich vor allem durch deutlich grössere Pomuskeln von lediglich mittelguten Athleten. Für Frauen ist der Po ebenfalls wichtig, zusätzlich aber auch die Hüftmuskulatur.

(917)

Wenn heterosexuelle Frauen das Foto eines Mannes sehen, können sie mit einer Wahrscheinlichkeit von 61 Prozent sagen, ob er schwul ist oder nicht. Um den Eisprung herum steigt die Treffsicherheit auf 66 Prozent.

(918)

Psychologie im Hotelbad: Steht auf dem entsprechenden Schild «Helfen Sie mit, die Umwelt zu schützen», so verwenden 35 Prozent der Gäste ihr Handtuch ein zweites Mal. Fügt man hinzu, dass im Allgemeinen drei Viertel aller Hotelgäste ihr Handtuch wiederverwenden, steigt die Quote auf 44 Prozent. Schreibt man hingegen, drei Viertel aller Gäste *dieses spezifischen Hotelzimmers* würden jeweils dieser Aufforderung folgen, so erreicht man 49 Prozent.

(919)

Der Urin des Marderbärs riecht nach Popcorn.

[→226, 313, 353]

(920)

Zahnärzte riechen unbewusst, wenn Patient:innen Angst haben, und sind dann anfälliger dafür, Fehler zu machen.

(921)

In einer unordentlichen Küche essen wir viel mehr Süsses als in einer aufgeräumten. Dies könnte daran liegen, dass uns das Chaos signalisiert, wir könnten uns getrost gehen lassen.

[→378]

(922)

Orang-Utans können lernen zu pfeifen.

[→165]

(923)

Auf Dating-Plattformen bekommen 18-jährige Frauen am meisten Likes und Anfragen. Männer hingegen werden mit zunehmendem Alter immer beliebter – erst nach einem Peak bei 50 Jahren nimmt ihre Popularität wieder ab.

(924)

Männer essen viel schneller als Frauen. Beim Mittagessen nehmen sie im Schnitt 80 Kilokalorien pro Minute zu sich, Frauen nur 52.

(925)

In den Jahren nach einer Scheidung haben Männer wie Frauen ein um etwa 50 Prozent erhöhtes Sterberisiko. Was aber nicht bedeutet, dass besser fährt, wer unglücklich verheiratet bleibt. [→589]

(926)

Single ist eines der wenigen
deutschen Wörter, die alle
3 Geschlechter annehmen können:
die Single (kleine Schallplatte),
der Single (alleinstehender Mensch),
das Single (Einzelspiel, etwa im Tennis).

(927)

Die Chefs von gemeinnützigen
Organisationen haben
weichere Gesichtszüge als die Manager
profitorientierter Firmen.

(928)

Im kommunistisch-atheistischen
Albanien war es streng verboten,
Ostern zu feiern.
Schon ein paar gefärbte Eierschalen,
die Spitzel auf dem Kompost fanden,
reichten aus, um jemanden
ins Gefängnis zu bringen.

(929)

Blaue Taxis haben mehr Unfälle
als gelbe. [→62, 288]

(930)

Neugeborene Kängurus wiegen weniger
als 1 Gramm – erwachsene können
über 60 Kilo schwer werden.
Wüchsen Menschen nach der Geburt
vergleichbar stark, so wögen wir
mehr als 200 Tonnen.

[→186]

(931)

Die offizielle Hauptsadt von Sri Lanka
ist nicht Colombo, sondern
der Vorort Sri Jayewardenepura Kotte.

(932)

Einwohner:innen des Alten Roms
verbrauchten täglich schätzungsweise
1100 Liter Wasser pro Kopf.
In der Schweiz sind es heute etwa
140 Liter. [→107]

(933)

Fragt man Kinobesucher:innen
«Wie kurz war der Film?»
statt «Wie lang war der Film?»,
so verkürzt sich die geschätzte Dauer
um eine halbe Stunde.

(934)

Berliner Beamte sind mehr als 40 Tage
im Jahr krank.

(935)

China verbaut in 2 Jahren so viel Zement
wie die USA im ganzen 20. Jahrhundert.

(936)

In der Schweiz essen junge Männer
mehr als doppelt so viel Fleisch
wie junge Frauen. Je älter sie werden,
desto mehr gleicht sich der
Fleischkonsum der Geschlechter an.

[→120, 357]

(937)

Vor 300 Jahren brannte in England pro Person im Schnitt täglich 1½ Stunden lang eine Kerze. Die elektrische Lichtmenge, die heute konsumiert wird, ist fast 100 000 Mal grösser. Es ist, als liesse jede:r von uns permanent 5000 Kerzen brennen.

(938)

Wer sich oft ekelt, fühlt sich eher zu autoritären Führern hingezogen.

(939)

Viele Tiereltern, etwa Wölfe oder Affen, sprechen mit ihrem Nachwuchs betont langsam und deutlich, mit übertriebener Mimik und vielen Wiederholungen. Selbst Fledermäuse und Vögel zwitschern in Babysprache.

[→251, 726, 948, 963]

(940)

67 Prozent der Deutschen falten ihr Klopapier sorgsam vor der Benutzung. Weitere 12 Prozent wickeln es um die Hand oder stapeln Einzelblätter – nur 7 Prozent zerknüllen das Papier. In Südeuropa und in den USA hingegen knüllt die grosse Mehrheit.

(941)

Das häufigste Lebewesen überhaupt ist der Ozeanbewohner *Pelagibacter ubique,* ein Bakterium mit einem Durchmesser von etwa 0,0002 Millimetern. Von ihm gibt es auf Erden schätzungsweise 10^{28} Stück (eine 1 mit 28 Nullen). Die Biomasse dieser Bakterienart (rund 1 Milliarde Tonnen) ist doppelt so gross wie das Gesamtgewicht der Menschheit. [→569, 752]

(942)

Grosse Pupillen sind ein Zeichen hoher Intelligenz.

(943)

Auch Sex ausserhalb der fruchtbaren Tage hilft beim Schwangerwerden. Denn er bewirkt, dass sich das weibliche Immunsystem an die Spermien gewöhnt – und vergrössert so die Chancen einer Befruchtung.

(944)

38 Prozent aller menschlichen Paarungen finden an Wochenenden statt. Zwei Drittel der Werktagsbegattungen erfolgen zwischen 22 und 1 Uhr. Das sind die Resultate einer umfassenden Studie des amerikanischen Chronobiologen John Palmer, die 1982 unter dem Titel «Tages- und Wochen-, aber keine Mondrhythmen bei der menschlichen Kopulation» erschien.

(945)

Wenn jemand niest, sagt man in
der Mongolei traditionell
«Gott segne dich, und möge dein
Schnauz wachsen wie Gestrüpp.»
Heute wird der Schnauz manchmal
weggelassen, vor allem
wenn es sich um eine Frau handelt.

(946)

Kraniche gelten als Sinnbild
lebenslanger Treue.
Neue Daten zeigen allerdings:
Mehr als die Hälfte aller Kraniche haben
in ihrem Leben 2 oder mehr
feste Beziehungen. Auch Partnerwechsel
hin und zurück oder übers Kreuz
wurden beobachtet.
Ein einzelner Kranich hatte in 10 Jahren
4 verschiedene Partnerinnen.

[→257, 783]

(947)

Bulgarien ist Weltmeister im Einmachen. In einem bulgarischen Durchschnittshaushalt sind im Winter über 100 Gemüse-, Früchte- und Fleischkonserven eingelagert.

(948)

Bananen werden natürlicherweise von Flughunden und Fledermäusen bestäubt. [→251, 726, 939]

(949)

Der beste Renner im Tierreich ist die winzige Milbe *Paratarsotomus macropalpis* aus Südkalifornien. Sie legt bis zu 322 Körperlängen pro Sekunde zurück. Auf den Menschen übertragen entspricht das 2100 Stundenkilometern.

[→18, 309, 650, 792]

(950)

Kein Witz: Es existiert ein Kristall namens Blödit. Dieses seltene Mineral ist nicht doof – sondern nach dem deutschen Chemiker Carl August Blöde benannt.

(951)

Man nennt es Placebo-Doping: Velofahrer:innen erbringen bessere Leistungen, wenn sie glauben, ein energiereiches Getränk zu sich genommen zu haben – selbst wenn es in Wahrheit völlig kalorienfrei war.

(952)

Schnecken haben einen Heimkehrinstinkt. Es bringt nichts, sie über den Zaun zu werfen: Experimente haben gezeigt, dass sie alle wieder zurückkommen. Wer Schnecken loswerden will, muss sie mindestens 30 Meter weit wegbringen.

(953)

Babyaale gelten in Asien als Superfood. Den Import junger Aale aus Europa betreibt ein Kriminellenring – die Gewinnmargen übertreffen jene von Kokain.

(954)

Wer «Au!» ruft, hält mehr Schmerzen aus.

(955)

Wer am Cotard-Syndrom leidet, ist davon überzeugt, tot zu sein. Manche Betroffene bestehen darauf, beerdigt und aus dem Einwohnerregister gestrichen zu werden.

(956)

Einige deutschstämmige Ausdrücke im Esperanto:

la biertrinkejo – die Bierstube
nur por la ŝajno – nur zum Schein
la knabo – der Knabe
la knabino – das Mädchen
kun bedaŭro – mit Bedauern
la dikfingro – der Daumen
havi klaran kapon – einen klaren Kopf haben
la dorndrato – der Stacheldraht
kun haŭto kaj haroj – mit Haut und Haar

(957)

Dicksein schützt vor Selbstmord: Ein 5 Punkte höherer Body-Mass-Index bedeutet ein 20 Prozent geringeres Suizidrisiko. Das höchste Risiko haben sehr schlanke Menschen.

(958)

Das häufigste Wort in der Bibel ist «und» – in der Einheitsübersetzung kommt es 21 601 Mal vor. «Gott» hingegen erscheint nur 3018 Mal.

(959)

Einige wenig bekannte Verbände:

VUSH
«Verband unabhängiger schweizerischer Hochzeitsplaner»

SVH
«Schweizerische Vereinigung der Hirschhalter»

FSHBZ
«Fachverband Schweizerischer Hersteller von Betonzusatzmitteln»

SVBM
«Schweizerischer Verband für Babymassage»

SESK
«Verband der Schweizerischen Schmelzkäseindustrie»

JOAA
«Japan Origami Airplane Association»

WFU
«World Ferret Union» (Frettchen-Weltverband)

SSAI
«Sword Swallowers Association International»

[→420]

(960)

Untersuchungen der Mundflora beweisen: Neandertaler:innen und Homo sapiens haben untereinander Speichel getauscht. Entweder durch das Teilen von Essen – oder durch Küssen.

(961)

Die Nase funktioniert auch im Schlaf. Angenehme Düfte, etwa der Geruch eines geliebten Menschen oder von Orangen, können schöne Träume auslösen. Bei Gestank haben wir oft Alpträume. [→333]

(962)

Der englische Spitzname für Ötzi ist *Frozen Fritz.* [→407, 541]

(963)

Hohe Stimme, überdeutliches Sprechen: Die Babysprache hilft wahrscheinlich den Kleinsten beim Erwerb ihrer Muttersprache. Unabdingbar ist sie aber nicht. Es gibt sogar Kulturen, wo die Eltern kaum mit ihren Babys sprechen, und auch diese lernen die Muttersprache problemlos.

[→939]

(964)

Gähnen ist ansteckend – aber wir ahmen längst nicht jede:n Gähnenden einfach nach: Die soziale und emotionale Nähe spielt eine wichtige Rolle. Je enger wir mit jemandem befreundet oder verwandt sind, desto öfter gähnen wir mit.

[→219, 363, 482]

(965)

Schakale sind Fleischfresser, verschmähen aber auch Früchte nicht. Auf Nara-Melonen in der namibischen Wüste sind sie so scharf, dass sie auf unreife Exemplare pinkeln, um sie für sich zu reservieren.

(966)

Bewerbungen auf dickem Papier haben höhere Erfolgschancen. Die schweren Unterlagen geben der Personalchefin unbewusst das Gefühl, beim Bewerber handle es sich um eine gewichtige Person.

(967)

Männer gehen auf Skitouren viel höhere Risiken ein als Frauen. Von den Skitourengänger:innen im US-Bundesstaat Utah ist ein Drittel weiblich, von den Lawinenopfern aber nur ein Dreissigstel.

(968)

Im Preussen des frühen 18. Jahrhunderts gab es nicht nur eine Kaffee-, eine Perücken- und eine Stiefelsteuer, sondern auch eine Jungfernsteuer. Unverheiratete Frauen zwischen 20 und 40 Jahren mussten dem Staat monatlich 2 Groschen abliefern.

[→24]

(969)
Die durchschnittliche Einwohnerzahl der 100 grössten Städte der Welt hat sich seit 1950 verfünffacht: von 2 auf 10 Millionen.

(970)
Auf Deutsch sind Betrunkene «blau» – auf Französisch aber «grau» (*être gris*) oder in schweren Fällen sogar «schwarz» (*être noir*).

[→131]

(971)
Frauen zeigen deutlich mehr Interesse für wahre Mordgeschichten als Männer. Dabei suchen sie nicht unbedingt den Kitzel, sondern vielmehr Hinweise, wie man einen Täter frühzeitig erkennen oder ihm rechtzeitig entkommen kann.

(972)
Der Anteil der Menschen, die täglich 4 Portionen oder mehr Gemüse und Früchte zu sich nehmen, hat sich in der Schweiz seit 2016 halbiert.

(973)
Wer seine Kamera in Videokonferenzen öfter ausschaltet, ist abends weniger erschöpft. Besonders für Frauen ist der Druck gross, vor den Kolleg:innen ein gutes Bild abzugeben.

[→563]

(974)
Die meisten Menschen putzen ihre Zähne weniger als 1 Minute, glauben aber, es seien 3 gewesen.

(975)
In Griechenland gibt's nur ein einziges Krematorium.

(976)
Ein erwachsener Mensch verliert im Schnitt jede Sekunde 1 Hirnzelle, bildet aber nur alle 2 Minuten 1 neue.

(977)
Kleine Hunde zielen beim Pinkeln höher, um sich grösser zu machen.

(978)
Ob es um Schulaufgaben oder ums Abnehmen geht: Wer mit einem Problem kämpft, sollte sich nicht unbedingt beraten lassen – sondern selber jemanden beraten, der ähnliche Schwierigkeiten hat.
Tipps von aussen können ein Gefühl der Unzulänglichkeit erzeugen und demotivierend wirken.
Das aktive Beraten hingegen stärkt das Selbstbewusstsein und gibt Kraft zum Anpacken der Aufgabe.

(979)
Wer viele Freunde hat, spart weniger.

(980)
Fernbeziehungen funktionieren gleich gut, teilweise sogar besser als gewöhnliche. Auf Distanz öffnen sich viele mehr und bewerten das Verhalten des Partners positiver – insbesondere, wenn sie schriftlich kommunizieren.

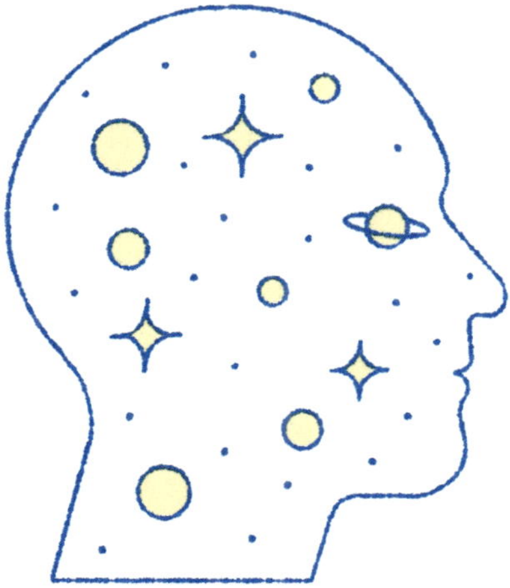

(981)
Pro Sekunde fliegen 3 kosmische Partikel durch unseren Kopf.

(982)
Das Alter macht gelassen: 20-Jährige sind im Schnitt an 2 von 5 Tagen gestresst – 70-Jährige nur an einem.

(983)

Märchen enden keineswegs immer mit der Formel «und wenn sie nicht gestorben sind, dann leben sie noch heute». Der Schlusssatz von «Hänsel und Gretel» lautet im Grimmschen Original: «Mein Märchen ist aus, dort läuft eine Maus, wer sie fängt, darf sich eine grosse Pelzkappe daraus machen.»

[→294]

(984)

Kolibris können rückwärts fliegen.

Ein handliches Umwelt-Lexikon mit 93 Einträgen. Plüss' These lautet: Wer gewillt ist, kann sofort agieren und muss nicht auf politische Massnahmen warten. Der Schlüssel für die Reduktion der Klimabelastungen ist Verzicht. So einfach, wie die titelgebende Tatsache «Weniger ist weniger» klingt, ist die Umsetzung allerdings nicht. Diese praktische Anleitung soll dabei helfen, indem ökologische Alltagsfragen von A bis Z möglichst konkret beantwortet werden.

Mathias Plüss

Weniger ist weniger

Klimafreundlich leben von A–Z
Gebunden, 168 Seiten, mit Illustrationen
von Till Lauer, 27 Franken, 27 Euro.

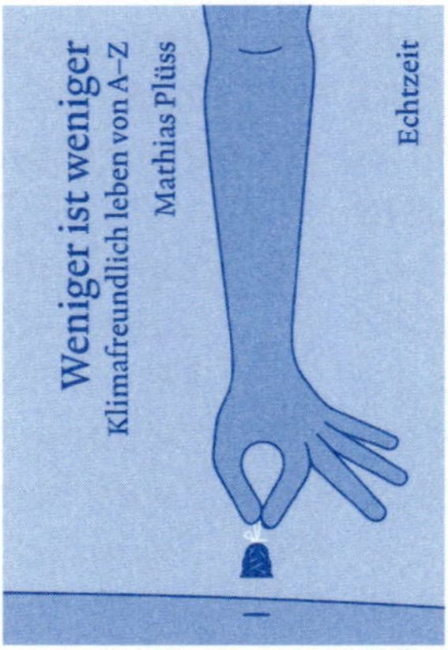

In guten Buchhandlungen oder direkt bei:
www.echtzeit.ch

Für das «Wasserbuch» ist Mathias Plüss mit Fotografin Regina Hügli zu den vier Tripelpunkten Europas gereist. Orte, von denen Wasser in jeweils drei verschiedene Meere strömt. Sie liegen auf dem Pass Lunghin (GR), am Witenwasserenstock (UR), im französischen Langres und auf dem Klapperstein im tschechisch-polnischen Grenzgebiet. Plüss und Hügli sind auf Gipfel gestiegen, haben Stollen durchwandert, vor allem aber mit Einheimischen gesprochen. Dabei sind sie auf Wasserkonflikte unterschiedlichster Art gestossen. Entstanden sind zwölf lokal verankerte Reportagen. Sie stehen stellvertretend für das, was zurzeit fast überall auf dieser Welt geschieht.

Mathias Plüss und Regina Hügli

Das Wasserbuch

Überschwemmungen, Dürren, Gletscherschwund.
Gebunden, 200 Seiten, 36 Franken, 36 Euro.

In guten Buchhandlungen oder direkt bei:
www.echtzeit.ch

Mathias Plüss, geboren 1973 in Zofingen (AG). Nach einem Studium der Physik, Mathematik und Musikwissenschaften in Zürich und Krakau absolvierte er die RINGIER-Journalistenschule. Er arbeitete bei der AARGAUER ZEITUNG und der WELTWOCHE – seit 2008 ist er freier Wissenschaftsjournalist. Plüss ist ein Spezialist für Faktensammlungen und ausführliche Recherchen in unterschiedlichsten Themenbereichen der Naturwissenschaften.
Für seine journalistische Arbeit wurde er mit zahlreichen Preisen ausgezeichnet.
Sein neustes Buch *Gut zu wissen* ist entstanden aus seiner Kolumne «Plüss' Punkte», die ursprünglich im MAGAZIN veröffentlicht wurde und nun regelmässig in der ANNABELLE erscheint.

2. Auflage 4. Dezember 2025
Copyright © 2025 Echtzeit Verlag GmbH, Basel
Alle Rechte vorbehalten

ISBN 978-3-906807-44-7

Der Echtzeit Verlag wird vom Bundesamt für Kultur für die Jahre 2021 bis 2025 unterstützt.

Autor: Mathias Plüss
Lektorat: Markus Schneider
Korrektorat: Birgit Althaler
Illustrationen: Till Lauer
Gestaltung: Müller+Hess+Wyss, Basel
Druck: Westermann Druck, Zwickau
Auslieferung in der Schweiz: Buchzentrum, Hägendorf (info@buchzentrum.ch)
Auslieferung in der EU: GVA, Göttingen (info@gva-verlage.de)

www.echtzeit.ch